Gorete Milagres

Filomena

Minha história

MATRIX

Matrix Editora - Tel: (11) 3868-2863
www.matrixeditora.com.br

Capa e diagramação
Daniela Vasques

Ilustrações
Iara Jamra

Revisão
Adriana Parra

Assessoria literária
Susana Ventura

Dados Internacionais de Catalogação na Publicação (CIP)
SINDICATO NACIONAL DOS EDITORES DE LIVROS, RJ.

Milagres, Gorete
Filomena : minha história / Gorete Milagres ; [ilustrações Iara Jamra]. - São Paulo : Matrix, 2012. il.

1. Filomena (Personagem fictício). 2. Ficção brasileira. I. Título.

12-3887. CDD: 869.93
CDU: 821.134.3(81)-3

Dedico este livro à minha mãe, Zizica Milagres, e à minha numerosa família, que me propiciou viver nesse rico universo mineiro.

Às minhas filhas Alice e Maria; ao Gustavo, meu amor; a todas as crianças e a todas as empregadas domésticas que conheci na minha vida, mulheres simples e felizes na sua razão de existir e que sempre foram fontes de inspiração. Ao Anderson, fundador do primeiro fã-clube, e a todos os fãs da Filomena.

Meu obrigado à Matrix Editora, pela confiança e oportunidade; à Susana Ventura, pela sensibilidade; e à Eliana Fonseca e ao Gustavo, pelas primeiras leituras entusiasmadas.

I

Uma vez eu ouvi alguém dizer que a história da gente é a gente que faz. Eu não entendi muito bem como era isso, porque achava que a história da gente começava na hora que a gente nasce. Então, eu já tinha uma história.

A minha história começou no interior de Minas Gerais, pra lá de Catas Altas, lá perto da Fazenda do Tanque, da Fazenda das Sete Cachoeiras, perto da Fazenda do Pari, no Piranga, lá no Pau Grande.

O Pau Grande era um povoado bem pequeno, à beira do Rio Piranga, o rio mais lindo que já vi na minha vida. Nasci numa casinha de sapê, de pau a pique e chão de terra batida, com fogão a lenha, chaminé e janelinhas pequenas. A casinha ficava encravada na montanha do outro lado do rio – para chegar a ela, era preciso atravessar uma pinguela que balangava de um lado para o outro como uma gangorra.

Os meus pais amavam flores e havia muitas em volta da casa: margaridas brancas, coloridas e flores-do-campo eram as preferidas da nossa família. A minha mãe era uma mulher franzina, mas muito forte e trabalhadeira, era branca dos olhos castanhos e cabelos bem anelados. Eu quase nem via o seu cabelo porque ela vivia de lenço bem amarradinho na cabeça. A minha mãe se chamava Maria Aparecida, ela tinha nome de santa e era uma santa mãe. Meu pai se chamava Jésus, não era alto nem baixo, era mulato e bem mais velho do que a minha mãe. Dizem que meu pai demorou a se casar porque escolhia demais, mas quando viu a minha mãe, se apaixonou pelo jeito dela de ser.

Ela era alegre, tagarela e adorava fazer amizades; já ele era mais fechado. Mas não é que eles se davam bem? Acho que a alegria da minha mãe tirava a tristeza do meu pai. Penso que eles colocavam todos os sentimentos deles na balança – naquela balança antiga que tem dois pratos, um de cada lado. Cada sentimento de um lado, com porções iguais, até a balança ficar equilibrada, e assim dosavam as suas diferenças na medida certa. Eram felizes, companheiros e amigos.

Meu pai cuidava da horta da nossa casa, do nosso porquinho, da nossa vaquinha, das nossas galinhas e trabalhava nas fazendas da redondeza, ora batendo o pasto, ora plantando e colhendo feijão, milho e arroz, e nas horas de folga ele era barbeiro.

Cortava cabelo e barbas com a sua navalha bem afiada. Fazia isso no terreiro na frente da nossa casa. Depois ele varria tudinho e deixava tudo limpinho do lado de fora. Do lado de dentro, a nossa casa também era limpinha; as canecas de alumínio eram sempre areadas com uma bucha, daquelas buchas que dão no pé.

Minha mãe misturava areia, cinza do fogão a lenha e areava tudo até ficar brilhando. Brilhava tanto que chegava a doer nos olhos.

As camas eram feitas com um estrado de madeira e uma esteira de capim e os colchões eram enormes sacos feitos de pano de saco de açúcar recheados com palha de milho. De vez em quando minha mãe tirava a palha velha e trocava por palha nova. Os colchões ficavam altos – juro que aqueles eram os colchões mais gigantes que eu já vi na minha vida! Naquela época não havia guarda-roupa, a roupa era guardada numa caixa de madeira. Também, eu nem tinha muita roupa pra guardar, a minha mãe, muito menos, e o meu pai, então, nem se fala. Era uma roupa no corpo e outra no varal.

Às vezes penso que a minha mãe não tinha muita roupa porque ela era lavadeira das fazendas da redondeza e lavar a sua própria roupa devia ser muito chato, por isso ela tinha pouca. Bom mesmo era lavar a roupa dos patrões, quanta novidade! Porque sempre tinha uma roupa nova. Eu ainda era criança, mas de tanto olhar aprendi a lavar roupas com a minha mãe.

Naquele tempo não existia máquina de lavar roupas, e se existia eu nunca tinha visto; aliás, só fui conhecer uma depois de bem grandinha, e sei que muita gente nasce e morre sem nem saber o que é uma máquina dessas.

A minha mãe é uma dessas pessoas, que durante a vida inteira lavou roupa somente no tanque. O tanque de lavar roupas era uma caixa de cimento liso, embaixo de uma bica que jorrava água sem parar. A minha mãe sempre separava as roupas brancas das coloridas. As roupas de cama das fazendas eram brancas, essas ela colocava de molho numa bacia grande de metal e jogava uma pedrinha azul, chamada de anil. Nossa, como era lindo ver aquela pedrinha de anil desmanchando na água para deixar tudo clarinho! As roupas ficavam a manhã inteira quarando no sol em cima do gramado ou em cima de pedras – para ficarem bem brancas –, então ela as esfregava e torcia, fazia com elas um rolo e batia as roupas com muita força no cimento da beirada do tanque.

Só hoje eu entendo que a minha mãe batia a roupa feito uma máquina de lavar, e ela tinha uma energia! E olha que naquele tempo lá na roça nem tinha energia elétrica. As roupas eram lavadas com a energia da minha mãe.

Ah, já ia me esquecendo de dizer: na minha casinha não tinha televisão e eu nunca entendia por que a minha mãe teve uma filha só, porque depois, quando eu estava mais crescida, eu ouvia as pessoas dizerem: "A Dona Zizica do Seu Leonardo lá do Catas Altas da Noruega teve catorze filhos porque morava na roça e na casa dela não tinha televisão". Ô coitada!

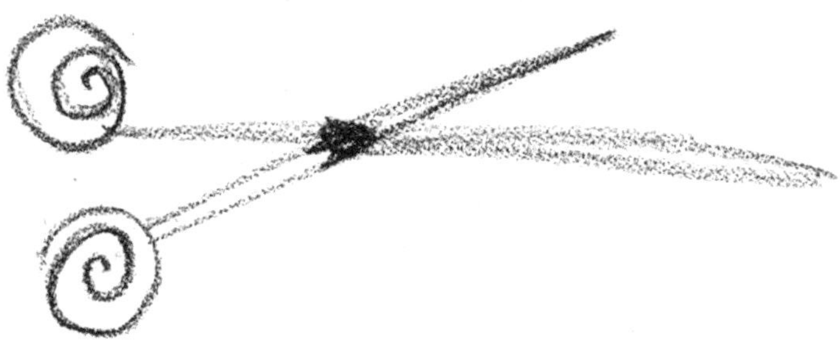

2

Coitada mesmo, já pensou ter catorze filhos, todos com parteira? Antigamente as parteiras trabalhavam duro, quase todo dia elas tinham que sair de madrugada, na hora do almoço, do jantar, a qualquer hora mesmo, para fazer os partos da mulherada daquela região. Nascia "menino homem" e "menina moça", era todo dia pra tudo quanto é lado.

A minha mãe me contou que eu nasci num dia de muito trabalho. Ela tinha lavado cinco trouxas de roupas, passado outras três trouxas com ferro pesado, esquentado a brasa quente e com aquele barrigão danado andou mais uma légua pra chegar em casa. Ela me disse que a bolsa dela estourou bem na hora em que estava passando na pinguela, que a água da bolsa caiu direto no rio e que tinha gente que achava que eu ia ser linda por conta disso!

Coitada, nem teve tempo de gritar pela parteira, que morava numa virada de morro atrás da minha casa. Ela disse que eu nasci sozinha. Bastou ela abrir a porta, deitar no colchão de palha e eu, pluft, pulei pra fora. O meu pai saiu correndo e gritou pela parteira, que chegou com uma tesoura desinfetada e cortou o meu cordão umbilical, e acho que então a nossa casinha ficou com cheiro de álcool.

Diziam que cheiro de álcool em quarto fechado era sinal de que um neném estava chegando. Cheguei miúda, dizem que foi porque minha mãe trabalhou até a hora em que eu nasci. No dia seguinte ela não trabalhou, ficou de resguardo, e a minha tia foi lá e fez uma sopa de galinha com farinha, caldo e pedaços de galinha. Falavam que essa sopa é que fazia o leite da mãe descer. As galinhas do galinheiro da minha casinha viraram sopa e as dos galinheiros das vizinhas da redondeza também, mas nada do leite da minha mãe descer. Ela foi uma ama-seca, ô coitada!

Aí me arrumaram uma ama de leite, uma mulher que tinha leite pra dar e vender! Mas isso era mesmo modo de dizer, porque ela dava leite para mim e para outras crianças da região e não cobrava nada. Ela era uma negra gorda e linda e o povo dizia que o pai dela, o Seu Chico, tinha vindo das bandas da África, para ser escravo na fazenda que ficava pertinho da minha casa, a Fazenda do Pari. O nome dela era Bastiana e ela tinha uma língua enrolada, misturava a nossa língua com um dialeto africano. Eu não entendia patavina do que ela falava. Benzia e rezava feito o povo africano e o povo dizia que quem mamava nela ia ter muita sorte. Eu sempre fui raquítica, mas sempre tive uma saúde de ferro. Quanto à sorte, não sei ainda, mas a minha história ainda está no começo, e, para dizer isso, só prosseguindo nela.

3

Quando eu nasci minha mãe me chamou de Filomena. *Filó* foi por causa da mãe da Dona Marinha do Moura, lá do Catas Altas da Noruega. E *Mena* porque era uma bezerra que minha mãe criou que nem filha. Meu pai tinha uma vaquinha e ela pariu a bezerra e morreu, deixando a bezerrinha pequetita. Mãe pegou uma garrafa de vidro daquelas escuras e grandes, comprou uma chupeta de mamadeira vermelha e dava leite da outra vaca pra bezerrinha.

A bezerrinha grudou na minha mãe de um jeito que aonde a minha mãe ia a bezerrinha ia atrás. Até "mãe" ela berrava. É verdade, a bezerrinha ficava na porteira assim: "Mãe, mãe!".

Essa bezerra foi crescendo, foi crescendo e, quando ela virou vaca e teve um bezerrinho, a minha mãe foi visitá-la no pasto. A bezerra deu um galope atrás de mãe, que ela chegou em casa até bufando.

Mas mãe não ficou com raiva dela, não, pois isso era da natureza da vaca. É assim mesmo, vaca de bezerro novo fica muito brava e zanga à toa quando vê alguém rodeando o filho dela, ainda mais se a pessoa estiver com roupa vermelha.

Naquele dia minha mãe estava com um embornal vermelho pendurado no pescoço.

Era no embornal que ela levava o café da tarde com broa de milho pro meu pai, que trabalhava ora na roça de feijão, ora na roça de milho. Mas tinha que ser vermelho? Embornal de roça era sempre branco pra não estumar vaca no pasto. Mãe chegou em casa bufando, mas não ficou com raiva da Mena, não, e ainda fez uma promessa para Nossa Senhora das Graças, padroeira de Catas Altas da Noruega, que quando ela tivesse uma menina ia colocar o nome da bezerra na filha: Mena. Quando eu nasci, a dona Filó deu o enxoval, então, juntou Filó com Mena e ficou Filomena. Filomena Maria de Jesus. Meu nome é pura homenagem, pois Maria era o nome da minha mãe, e Jésus, do meu pai. Mas todo mundo me tratava de Filozinha, e quando cresci virou só Filó mesmo.

4

Eu saía todo dia bem cedo com a minha mãe pra trabalhar, ajeitadinha num balaio com uma alça que ela carregava para onde fosse. Enquanto minha mãe lavava roupa, eu ficava dormindo no balaio que ela pousava em qualquer sombra que houvesse por perto. Depois, quando já estava engatinhando, a minha mãe falou que eu não dava trabalho, ficava no meio do terreiro das fazendas engatinhando e conversando com as galinhas, com os gatos, os patos e todos os bichos que circulavam perto de mim.

Ela me contou que havia um galo que se apaixonou por mim na Fazenda do Pari. Ele se acostumou tanto com a minha presença que, quando me via chegando cedinho no terreiro, abria e batia as asas e cantava como se estivesse me chamando pelo nome. Ele ficava o dia todo plantado ao meu lado e com o tempo foi ficando enciumado e não deixava nenhum outro animal, nem mesmo as galinhas, chegarem perto. Quando alguma galinha ou pato se aproximava ele levantava a crista e partia pra cima do bicho com seu bico e esporão afiados e não tinha para mais ninguém.

Eu acho que eu fui a única criança na vida que teve um galo babá. Ele recebeu o nome de Galo Babão. A minha mãe dizia que só faltava ele babar por mim e que amor de gente com bicho não se explica! Só quem tem é que entende!

Foi nessa época, quando ela trabalhava na Fazenda do Pari, que ela escolheu a minha madrinha de batismo, a filha do patrão, a Dona Rita. Ela era boa demais, sempre me tirava do chão e me levava pra dentro do casarão, me dava banho, comida e até tirava bicho do meu pé. Ainda por cima me deu o Galo Babão de presente e ele virou meu bicho de estimação.

A minha madrinha Rita foi quem encomendou um padre lá de Piranga, que era a cidade mais próxima, para fazer o meu batizado, que aconteceu na ermida da fazenda, com a bênção de Nossa Senhora da Conceição.

Depois do batizado todos foram para a nossa casinha, para o almoço. Minha mãe me contava que foi um belo cortejo: eu, ela, meu pai e minha madrinha, em cima de um carro de boi todo enfeitado com flores do nosso jardim. Meu pai candiava o carro de boi e logo atrás vinha o restante dos convidados a cavalo: o padre, os patrões da fazenda, o Seu Joaquim Inácio, a Dona Regina e os outros empregados: o Zé do Curral, que era o retireiro, o João do Milho, que era o cuidador do paiol, e também o Coquim, o Zé Mané, a Anita e o meu padrinho, Seu João Rosa. A pé ia toda a criançada cantando: "A 13 de maio na Cova da Iria, ela apareceu, a Virgem Maria! Avê, Avê, Avê Maria! Avê, Avê, Avê Maria!!!".

Por conta dessa cantiga do dia do batizado, eu sempre achei que eu tinha nascido no dia 13 de maio.

Muito tempo depois me explicaram que não, que a canção

era para Nossa Senhora de Fátima, que tinha aparecido num dia 13 de maio lá em Portugal.

Mas agora interessa falar do dia do meu batizado, de que me lembro bem e que foi um dia de grande festa. No terreirinho da casa, meu pai fincou os cavaletes e fez uma mesa comprida de madeira. As amigas da minha família vieram cedo do povoado e fizeram frango com quiabo, arroz, tutu de feijão, angu, doce de cidra ralada com queijo de minas, suco de pitanga, café com bolacha de rapadura. Acho que os vizinhos emprestaram os pratos, porque eu não me lembro de ter visto tanto prato lá em casa, nem antes nem depois. Minha madrinha Rita me contou que o Zé Santana, que era irmão do meu pai, tocou sanfona e o baile foi até o anoitecer. Eu não era mais pagã; abençoada e batizada, iria dormir melhor à noite e ser uma menina feliz.

A minha mãe também dizia que, pra uma pessoa ser feliz, tinha que ser limpinha, gostar de crianças, das flores e dos animais. Imagino então que nossa casa era uma casa feliz. Ela era limpinha, tinha um jardim simples e florido, tinha criança, cachorro, galinha, porco, gato, vaca e, às vezes, se chovia e depois vinha o sol, tinha um arco-íris. O meu pai tratava dos animais da nossa casa e das fazendas como se fossem a sua família. Minha mãe gostava tanto de bichos que um dia ela me contou que, uma vez, o filho de um patrão dela matou um gambá e da bolsa do gambá saiu um monte de filhotinhos de gambá chorando a perda da mãe e que toda vez que ela se recordava dessa cena ela chorava o dia inteiro. A minha mãe era uma manteiga derretida, chorava à toa mesmo, mas nesse caso ela chorava com razão. Nem um gambá o homem deve matar sem motivo sério, de defesa ou para comer. Todos os animais têm direito à vida.

Foi num lugar assim e com uma gente assim que eu cresci. Aprendi a ser limpinha, a cuidar da casa, a gostar dos bichos e da natureza.

5

Naquele tempo a natureza era menos sofrida, eu acho que era porque não existia plástico. Verdade, não existiam baldes de plástico, garrafas, sacolinhas, e acho que a natureza era mais feliz por isso. Ninguém sentia falta dessas coisas. As bacias eram de alumínio, duravam muito, e quando furavam tinha sempre alguém que fazia um remendo nelas – e o tal remendo devia ser feito com solda. Os copos e as garrafas eram de vidro e ninguém jogava fora. Sempre que comprava alguma coisa que vinha dentro de vidro a gente tinha que levar o vidro usado para trocar. As pessoas já faziam a tal de reciclagem antes dela entrar na moda. Meu pai ia ao armazém do Seu Mundim fazer compra e trazia a compra num balaio, ora na cabeça, ora no lombo do burro. Na cidade a compra era colocada dentro de um saco de papel forte que durava muito tempo e ainda por cima sobrava pra ajudar na hora de acender o fogo do fogão a lenha. Parte do lixo era enterrado e se transformava em adubo para as plantações. Não havia sacolinhas plásticas voando pelos campos, não havia garrafas de plástico boiando nos rios. O que voava era passarinho, borboleta, e nos rios só havia peixe e pedrinhas. Às vezes eu penso que o plástico é um grande inimigo da natureza e não consigo entender por que as pessoas de hoje não são tão inteligentes e espertas como as de antigamente. Ou será que é impressão minha?

O seu Nem, irmão da minha madrinha Rita, de vez em quando chamava as crianças da redondeza na fazenda, e parecia que tinha um acesso de raiva e gritava: "Escuta bem, seus cambada de bobo, vocês não podem sair jogando lixo por todo canto, senão vai pesar no planeta. O lixo vai amontoar por estas montanhas e este rio transparente vai ser só imundície!". A gente não entendia muito, mas ficava todo mundo com medo das palavras dele. Tinha gente que falava que ele era muito inteligente, que lia muito e ouvia muitas rádios. Ele fechava a porta da sala de visitas da fazenda, ligava o rádio e nenhuma criança podia incomodá-lo, somente as curiosas e quietinhas podiam ficar por lá. Eu era uma delas. Ele ouvia a Rádio Nacional e adorava ouvir a *Hora do Brasil*, um tal de *Repórter Esso* e uma rádio de nome chique que eu nunca esqueci, a Rádio BBC de Londres. Ele adorava ouvir um programa engraçado com um artista chamado Grande Otelo. Também com Jararaca e Ratinho ele ria feito uma criança. Tinha gente que falava que ele tinha problema de cabeça, problema de nervos. Havia também quem tivesse medo dele, porque ele padecia de medo de cachorro e, quando via um, pegava uma espingarda de chumbinho e atirava pro alto pra espantar o bicho. Naquele tempo os cachorros nem eram vacinados e ele tinha medo de ser mordido e ficar com raiva! Eu sempre achei que ele era um homem bom. Era solteirão, e quando os sobrinhos dele chegavam da cidade para as férias, ele passeava a cavalo e pelo pasto da fazenda com todos eles. Se ele gostava de criança e pensava na natureza, então ele era um homem bom, assim como o meu pai.

Meu pai também era um homem bom, era tão bom que morreu de uma tal doença do coração grande. Eu não entendia esse tipo de morte, porque sempre achei que um homem de coração grande deveria viver pra sempre. Depois de muitos anos descobri que ele morreu da doença de Chagas, aquela do barbeiro, mas não era porque meu pai fosse barbeiro, e sim por causa do inseto com nome de "barbeiro" que existia por aquelas bandas. Eles gostavam de passear no sapé das casas, e um deles picou e contaminou meu pai. Ô coitado!

6

Depois que meu pai morreu, minha mãe foi trabalhar na cozinha da Fazenda do Pari e nós passamos a dormir na fazenda. Eu era bem novinha, mas me lembro como se fosse hoje da rotina daquela casa. Às cinco horas da madrugada, o café já estava fresquinho na mesa. Seu Joaquim Inácio, que era o patrão da minha mãe, saía ainda na escuridão para buscar as vacas no pasto.

Eu achava muito triste a vida das vacas. Elas dormiam no pasto longe da fazenda, sozinhas. Aquelas que tinham seus bezerros novinhos e grandinhos também ficavam ali, longe dos seus filhos a noite inteira. De manhã Seu Nem ia até o pasto e tocava as vacas para o curral perto da fazenda. Algumas vinham sozinhas e chegavam antes dele sair, às quatro horas da manhã: já chegavam mugindo na porteira do curral na tentativa de ouvir o mugido em resposta do seu filho bezerrinho, que também estava chegando do outro pasto ao encontro da vaca mãe. Essa parte ainda era mais alegre: um fazia "muuu" de um lado e o outro respondia "muuu" do outro. Esse era o mugido de matar a saudade, era como se a vaca gritasse: "Filho, sua mãe está aqui" e o filho bezerro gritasse: "Mãe, eu quero você".

Lá pelas seis horas da manhã, quando todas as vacas estavam no curral, os retireiros começavam a tirar o leite. Os retireiros são os trabalhadores responsáveis pelas vacas da fazenda. As vacas ficavam dentro do curral e os bezerros do lado de fora. O retireiro chamava o bezerro pelo nome – ele tem o mesmo nome da vaca mãe – enquanto a vaca estivesse amamentando, por oito a nove meses. O bezerro fica com o nome da mãe até crescer e virar vaca, touro ou boi de carro. Eu custei a entender isso, mas era assim: a vaca mãe chamava-se Esmeralda, o bezerrinho, fêmea ou macho, era chamado de Esmeralda e ele aprendia direitinho a atender pelo nome. Se fosse fêmea, quando virava vaca mudava de nome, para outro assim como, por exemplo, Alegria. Se fosse macho, quando virava boi era chamado de outro nome, que podia ser Piauí ou Malhado. Os bois, vacas e bezerros são tão inteligentes que eles entendiam tudo, com o nome trocado mesmo, e respondiam quando chamados. Engraçado isso, né? Eles tinham cada nome bonito! Eram: Gemada, Pintura, Espanha, Mimosa, Vidraça, Roseira, Coruja, Maravilha, Máscara Negra, Careta, Sardinha, Montanha, Simpatia, Fartura, Malhada, Mena, Fortaleza, Carambola, Pintado...

O retireiro chamava o bezerro, que vinha correndo, e a vaca o recebia feliz, às vezes de tanta felicidade ela até fazia xixi. Para "descer" o leite, o retireiro fazia o bezerro mamar nas quatro tetas da vaca, e enquanto isso a perna da vaca era amarrada e logo depois o bezerro era amarrado nas pernas da mãe. Parece estranho isso? É que o bezerro tinha que ficar ali pertinho, senão a vaca não deixava tirar o leite. Tinha vaca que, quando não gostava de um retireiro, ela, danada, escondia o leite e não saía nem uma gota.

Depois do leite tirado, os dois eram desamarrados e o bezerro mamava a sobra. A vaca ficava ali plantada e o bezerro mamando feito um louco. Quando o bezerro é novo ele mama em uma teta só, mas vai crescendo e mama nas outras tetas também. Quando ele fica mais velho, começa a pastar e o leite para ele é diminuído. Ô coitado!

Na Fazenda do Pari, até dar meio-dia, os bezerros mais novinhos ficavam juntos, ora mamando, ora lambendo sal, conversando. Meio-dia era a hora em que o retireiro apartava as vacas. Separava de novo a vaca mãe do bezerro filho. Cada um ia para um pasto novamente e só se viam no dia seguinte. Ô coitados!!!

7

Toda fazenda tinha uma vaca mansinha e o pessoal aproveitava para ensinar as crianças a tirar leite. Essa coitada ficava mais de uma hora amarrada, tinha que ser mansa, com a "tirada macia". Tirada macia é quando só de a gente apertar um pouco as tetas o leite já sai. Tem também a vaca da tirada dura, que é o contrário. Eu aprendi na vaca Holanda e também numa vaca de tirada mais dura chamada Garcinha.

Eu adorava tomar o leite quentinho que saía da teta da vaca feito espuma no meu caneco. O leite quando tirado caía num balde de alumínio, que tinha que estar bem limpinho. Depois era colocado em latas grandes com tampas bem fechadas para não contaminar e bem depressa as latas eram colocadas no lombo do burro e levadas para a estrada. Na estrada o leiteiro pegava as latas de leite, que iam de caminhonete para a fábrica de queijo do Seu Joaquim, na cidade de Piranga.

Eu, que era ainda muito pequena, tratava de acordar bem cedinho, junto com as vacas, corria para a janela da fazenda e ficava olhando todo aquele movimento.

Cedinho, também, a minha mãe começava a preparar o almoço: às dez da manhã já tinha que sair com as gamelas de pratos feitos, tampados com outros pratos e amarrados com panos, para levar para as roças de milho, de café, de feijão, dependendo da época do plantio e da colheita, onde os trabalhadores esperavam famintos. Minha mãe pegava uns pratos esmaltados e colocava arroz e feijão amassado, bastante angu e verdura verdinha da horta. Taioba e couve eram as verduras que todos mais gostavam. Também tinha uma nesga de carne e, claro, uma pimenta-malagueta. De sobremesa ia um pedaço de rapadura. Hum, só de lembrar me dá água na boca. Minha mãe equilibrava aquela gamela na cabeça sobre uma rodilha de pano e saía comigo montada na cintura dela. Depois voltava num galope para servir o almoço para os patrões.

Às onze da manhã em ponto ela servia o almoço da família. A mesa era comprida, com dois bancos longos, e somente havia cadeiras na cabeceira para o casal dono da fazenda, a Dona Regina e o Seu Joaquim. A comida era farta, colorida e toda fresquinha. As carnes ficavam na despensa, nas panelas de pedra, mergulhadas nas gorduras frescas. As verduras e legumes eram colhidos na horta na hora de serem refogadas, os ovos eram pegos no galinheiro ainda morninhos, o suco era feito das frutas recém-apanhadas nas árvores. A sobremesa era sempre um doce de fruta da época: doce de goiaba, laranja-da-terra, limão, pêssego, figo, cidra ralada, doce de mamão verde, de abóbora com coco ralado. O coco eles mandavam vir da cidade, botavam fogo nele e rachavam no chão; depois que ele soltava da casca, era passado no ralador bem fininho e era cozido com abóbora, aquela da casca verde e da cor laranja por dentro.

Era tudo feito e consumido no dia, porque naquele tempo não existia geladeira, pelo menos não lá na fazenda. Os doces secos, bolos e quitandas eram guardados no armário de madeira e vidro que ficava na sala de jantar. Eu adorava ver a minha mãe fazendo as quitandas. Havia uma cozinha grande com fogão a lenha, perto da despensa, e do outro lado havia uma cozinha com um forno de barro gigante. A minha mãe colocava a lenha dentro do forno e quando ele estava bem quente colocava as quitandas para assar. A broa de fubá era redondinha, enrolada na folha de bananeira – que a gente também chamava de cubu –, os tarecos eram em forma de losango, os pãezinhos de batata eram enrolados todos do mesmo tamanho, a rosca de batata-baroa com canela em pau, enquanto assava, deixava perfumada a casa toda. Tudo era colocado no forno quente e depois tirado com uma pá gigante. A minha madrinha Rita ajudava no expediente. A fazenda ficava com um perfume de fornada de quitanda. Depois era tudo armazenado nas latas grandes com rótulos antigos com a imagem de Santa Rita que ficavam no bufê da sala de jantar. Eu me lembro que eu sempre falava: "Madinha Ita, me dá um cocoto?". Ela me dava e eu saía saltitante e feliz com uns dez gatos atrás de mim fazendo miau. Como os gatos daquela fazenda eram esganados, não podiam sentir cheiro de comida.

Muitas das receitas das quitandas eram passadas de mãe pra filha havia muitas gerações. Na verdade, a maioria das receitas era ainda do tempo dos escravos africanos que viveram por lá vários séculos antes. Dizem que a feijoada foi um prato criado pelos escravos por esse Brasil afora.

Eu me lembro de que, quando alguém estava desarranjado, a Bastiana preparava um caldo africano facilzinho de fazer. Ela pegava o fubá, pingava água filtrada nele e ia amassando até virar uma bolinha. Fazia seis bolinhas e colocava na panela com um litro de água fervente e deixava as bolinhas derreterem. Nesse caldo ela colocava um pouco de sal e um pouco de açúcar. Era tiro e queda, o desarranjo da barriga ou do estômago acabava na hora e o doente se sentia forte feito um boi.

Muitas coisas eu aprendi da cultura dos escravos com a Bastiana e a família daquela fazenda também tinha um respeito enorme pelos que ali por perto tinham vivido em outros tempos. Todos os dias às seis horas da tarde a Dona Nininha batia o sino da fazenda para todos rezarem a ave-maria em memória dos escravos.

Ela dizia que aquele mesmo sino em outros tempos era badalado para recolher os escravos que viviam no porão da casa e que o porão se chamava senzala.

Lá na senzala, os homens eram separados das mulheres e das crianças. Eles somente saíam dali para trabalhar. As escravas trabalhavam duro, muitas delas trabalhavam na fábrica de telhas. As telhas eram modeladas nas coxas grandes e musculosas das escravas. Como umas coxas eram mais grossas e outras mais finas, elas não saíam iguais, e quando eram colocadas no telhado e causavam alguma goteira na época de chuva, os donos das casas diziam: "Foi feito nas coxas!". Daí nasceu essa expressão que as pessoas usam quando algo está malfeito. Ô coitadas!

8

Naquela fazenda, me contavam que os escravos não eram maltratados como nas outras da redondeza.

Em muitas das outras fazendas da região os escravos moravam em porões baixos em que mal dava pra ficar em pé. Viviam sem higiene e presos atrás das grades das janelas. Na Fazenda do Pari, no lugar do pelourinho havia uma área de lazer onde os escravos matavam a saudade da sua terra dançando e cantando. Dizem que dessas reuniões, em vários lugares, surgiu a congada, uma dança com cantoria danada de bonita. Ô danados!

Ninguém entendia muito por que o tratamento para os escravos dessa fazenda era diferente, e só depois eu fiquei sabendo do grande segredo da família.

Foi o Seu Zé Dias, assistente do Dr. Armando, que era o médico da família, que uma vez me contou a história daquela família que tratava bem os escravos. Ele disse que quase trezentos anos atrás um dos donos da fazenda engravidou uma escrava e que, quando a criança cresceu, ele o mandou para um seminário lá em Maria, que fica perto de Ouro Preto, em Minas Gerais. Esse menino se tornou letrado, virou padre e ainda herdou algumas terras do seu pai branco. Além de padre ele virou um grande comerciante de ouro e fazia questão de tratar bem seus escravos. Ele era vizinho de uma tal Joaquina Micaela, uma portuguesa que explorava ouro. Diziam que Joaquina Micaela era parente de uma tal Joaquina Doroteia, que ficou conhecida depois como Marília de Dirceu. Eu só entendi bem isso muitos anos depois, quando estudei e aprendi sobre a Inconfidência Mineira e seus heróis. Mas, voltando à história da Joaquina Micaela, dizem que um dia ela foi sequestrada por um grupo de homens que queria roubar o ouro dela. Padre Tavares com os seus capangas salvou-a dos bandidos e da morte e daí nasceu entre eles uma grande paixão. Creio em Deus Padre, olha que história, minha gente!

Ela acabou engravidando e, quando o filho nasceu, o padre Tavares deu a ela dois presentes: um menino Jesus de madeira feito pelo escultor Aleijadinho e uma grande fazenda, a Fazenda do Pari, que dizem que depois foi lugar de encontro da prima Joaquina Doroteia, a Marília de Dirceu, com o seu grande amor, o poeta famoso Thomás Antônio Gonzaga, que também era inconfidente. Escapou de morrer, como aconteceu com o pobre do Tiradentes, mas foi mandado para muito longe na África, com ordem de ficar lá para sempre. Ô coitado!

O menino filho do padre com a Joaquina Micaela cresceu e viveu naquela fazenda e se casou duas vezes. Com a sua primeira mulher nasceu a família da Dona Zizica. Depois de viúvo ele se casou novamente e daí nasceu a família do Seu Leonardo.

Então fiquei sabendo que o tataravô da Dona Zizica era o bisavô do Seu Leonardo. Antigamente os povoados eram pequenos e era costume casar primos com primas. Depois de todos esses casos que Seu Zé Dias me contou, eu acho que entendi por que eles tratavam bem os escravos ali e depois também os empregados. Acho que sabiam que todos eram descendentes de uma mesma raça.

Esse entendimento eu guardei para toda a vida e acho que os escravos tiveram muita importância pra vida de todos os brasileiros. Eles pegaram duro na enxada, no trabalho, nos ensinaram coisas da sua cultura e ainda por cima não ganhavam nada. Acho também que eles merecem mais do que o entendimento, e sim o respeito eterno. Infelizmente, o que deveria ser respeito, para muitos foi transformado no tal do preconceito.

Preconceito é uma palavra que nunca vou entender – como ter entendimento de uma coisa tão ruim? O que importa mesmo não é que somos todos iguais e devemos ser tratados com respeito em vida e depois da morte também? E por falar em morte, o que adianta sermos tão ruins em vida se depois da morte somos todos verdadeiramente iguais, as raças misturadas, todos fincados no mesmo chão?

O tempo passou e na Fazenda do Pari eu fui crescendo, com o carinho e o respeito dos patrões e da sua família. Eu adorava quando eram férias e a fazenda ficava cheia de crianças, todos filhos de um só filho do Seu Joaquim Inácio, o Seu Leonardo, e da mulher dele, a Dona Zizica. Eles moravam nas Catas Altas da Noruega, não muito longe da fazenda. Era uma festa! Seu Joaquim Inácio mandava fazer fogãozinho a lenha de verdade e as meninas cozinhavam feito gente grande. De dia todos andavam a cavalo, iam de carro de boi pra roça, nadavam no córrego, subiam em árvores frutíferas. Eu adorava subir no pé de jabuticaba com as crianças da cidade. Todos se espalhavam pelo pé dizendo que estavam num estado do Brasil. Tinha uma pequetita que adorava subir lá no alto e dizia que estava no Amapá, outro dizia que estava na Bahia, outro no Mato Grosso e as que tinham medo de subir no pé estavam sempre no Paraná, em Santa Catarina e no Rio Grande do Sul. O que ficava no Rio Grande do Sul era o mais medroso e mais folgado porque ficava gritando: "Oi, joga uma jabuticaba pra mim!". Eu circulava por todo o pé só para brincar mais com os nomes dos lugares do Brasil, e assim eu me dei conta de que eu mesma vivia em Minas Gerais.

As crianças que vinham visitar a fazenda diziam que Minas era um estado do Brasil que tinha mar, mas que era um mar sem água, era um mar de montanhas! Falavam que os rios mais importantes eram o Rio Doce, o Jequitinhonha, o Paraná e o São Francisco, que o Rio Piranga era um dos rios mais importantes da nossa região e que a gente vivia na Zona da Mata, que era uma parte da Mata Atlântica. Falavam também que Minas era um estado de nariz comprido. Eu não conseguia entender muito bem isso, até que um dia uma das meninas, a Eliana, desenhou num papel vários estados para eu ver. Depois ela recortou os desenhos com a tesoura da Dona Zizica e foi encaixando uns nos outros, como um quebra-cabeça, ela disse. Eu adorei o mapa de Minas e fui logo desenhando uma carinha feliz com sobrancelhas, olhos e boca, porque o nariz já estava pronto. Percebi que o lugar onde eu morava ficava bem no sorriso do meu desenho e me senti muito feliz por isso. Ao encaixar os mapas gravei que a cabeça de Minas estava do lado da Bahia, a parte da testa e do nariz estava do lado de Goiás, a ponta do nariz dava no Mato Grosso do Sul e a parte de baixo do nariz e do queixo dava para São Paulo. Ainda do outro lado da cara tinha vizinhança com o Espírito Santo e com o Rio de Janeiro. A Eliana me disse que cada uma dessas vizinhanças era chamada de divisa, eram as divisas de estados.

Com esse quebra-cabeça, eu me divertia e passava horas maravilhada com o mapa do Brasil, mas meu encanto maior era com o mapa da minha terra. Aprendi a copiá-lo em qualquer papel que aparecesse, com um lápis que era só meu, e dentro de Minas eu desenhava tudo que eu via por lá e as novidades que as crianças amigas me contavam. Desenhei muitas árvores, córregos, rios, estradas, pássaros, bichos, céu azul, sol, chuvas, secas e plantações. Ganhei uma caixa de lápis de cor no Natal, da Dona Leleta, e me diverti muito desenhando e colorindo o meu mapa.

10

Por falar em plantações, na época da colheita de feijão, durante o dia os empregados batiam feijão no terreiro e acumulavam a palha num canto. À noite a farra das crianças era subir e rolar na palha de feijão. Nas férias próximas do Natal, chegavam as amigas e primas da minha mãe que moravam em São Paulo. Naquela época muitos trabalhadores da redondeza iam tentar a vida na cidade grande e quando eles voltavam tinham sempre muitas histórias pra contar. Eu ficava embasbacada quando eles contavam dos prédios altos, das luzes da cidade. Eu nem conseguia imaginar como uma cidade tinha tanta luz. Lá na roça não havia luz elétrica, na minha casa tinha luz de lamparina, acesa com querosene. Já a fazenda tinha luz do moinho de água com gerador, somente para as noites, e ainda assim muito fraquinha. Apesar disso, iluminava a cozinha, junto com o fogo do fogão a lenha.

A cozinha era lugar certo para quem quisesse contar seus causos. Foi nessa cozinha que eu vi pela primeira vez uma pessoa falar de um artista. A Maria Cecília, filha do Seu João Rosa, meu padrinho, vinha toda faceira de São Paulo e enchia a cozinha com suas histórias. Ela dizia que trabalhava para o Seu Roni, um cantor que fazia muito sucesso. Ela contava da mansão dele, dos empregados, dos amigos, de outros artistas, dos carros dele. Eu e as outras crianças ficávamos boquiabertos, pois aquilo era como um sonho. Tudo que ela contava era novidade pra mim, que até então só tinha andado a cavalo. Quando ela falava da televisão, era como se fosse mentira, pois lá na roça só tinha rádio a pilha, e as notícias chegavam pelo rádio e uma vez por semana pelo jornal velho que vinha para o armazém junto com as compras.

Era tudo diferente dos dias de hoje nas grandes cidades, mas para as crianças aquilo tudo era muito bom. À noite, no verão, se a lua fosse cheia, uns brincavam de pique no gramado na frente da fazenda, dentro de casa outros jogavam baralho e havia também um campeonato de leitura. Eu ficava louca para aprender a ler. Eles faziam concurso pra escolher quem lia ou declamava melhor os poemas. As crianças que liam estudavam na cidade porque na fazenda não havia escola. O meu sonho era ir para a escola e aprender a ler e a escrever. Agora, havia uma coisa em que eu era melhor do que as outras crianças: a charada. De tanto o Seu Sílvio, primo da minha madrinha, fazer concursos de charadas eu aprendi muito e ele dizia que eu era uma menina inteligente. Nessa época eu já tinha meus 11 anos, e nessa idade as meninas da roça começavam a trabalhar. Eu já sabia fazer praticamente tudo: ajudava minha mãe a varrer a casa, a rasgar couve, lavar pratos, já sabia como fazer todo tipo de comida, mas meu sonho era ir para a escola na cidade.

Ficou no sonho! Como eu ia sair para estudar na cidade? Eu não era filha do patrão. Os patrões de toda a redondeza mandavam suas filhas e filhos para os colégios internos nas cidades vizinhas. Quando eu ouvia as histórias das freiras do colégio eu pensava: “Quem sabe eu vou ser freira”, porque freira estudava, não casava, e muitas viravam donas de colégios da cidade. Havia escola pública também, mas só para quem vivia na cidade. Uma vez minha mãe ficou sabendo que tinham aberto uma escola lá em Pimenta, a uma légua da fazenda. Naquele tempo ainda se falava légua. Légua era uma forma antiga de medir a distância. Hoje eu sei que uma légua é mais ou menos 6.600 metros e penso: “Eu era tão menina e andava 6 quilômetros e 600 metros pra ir à escola, isso sem contar a volta!”. Ô coitada!

II

Eu fiquei doida com o começo das aulas. Junto com mais seis crianças saíamos cedinho, a pé, cantando pelo caminho. Muitas vezes levávamos um susto atrás do outro, como no dia em que encontramos um tamanduá-bandeira gigante que veio correndo em nossa direção. Nós gritamos tanto que o bicho se assustou e correu da estrada para o mato. Quando vimos que o perigo havia passado, corremos muito e caímos num choro misturado com riso.

A professora também era da roça, e no dia em que a minha

madrinha pegou o meu caderno e viu que estava escrito: "Nomes por ordem analfarbética: Anrique, Bicente, Cebastião e Dona Maria", não teve jeito, ela não gostou nada, disse que daquela maneira não iríamos aprender nada que prestasse. Acabou-se o que era doce, não voltamos pra escola e depois de um tempo ficamos sabendo que tinha sido fechada.

Ainda não era a hora de realizar o meu sonho, mas, como dizia a minha mãe, "sonhar é bom, melhor ainda é correr e alcançar o sonho".

Quando ela dizia isso, eu não conseguia entender, na minha cabeça eu fazia uma confusão danada. Nos meus sonhos eu sempre estava correndo atrás do sonho, e quando estava prestes a alcançá-lo eu acordava molhada de suor e dizia: "Mamãe, eu acho que nunca vou alcançar o sonho!". E ela respondia: "No sonho você nunca vai alcançar o sonho, para alcançá-lo você tem que estar bem acordadinha e forte para correr muito e conseguir chegar até ele". Só depois, quando eu fui crescendo, é que eu entendi melhor o que ela queria dizer. O sonho não é só quando a gente está dormindo – um sonho é uma coisa que a gente quer muito quando está acordada, quando fica pensando, pensando numa mesma coisa que a gente deseja.

Então, quando eu entendi isso, eu pensava no sonho bem acordada e tratava de comer bastante feijão, angu, couve, espinafre, carne, ovos e legumes pra ficar bem forte e ter energia para correr atrás dele.

Naquele tempo meu maior sonho era conhecer uma cidade e eu não achava meio de realizá-lo. Eu comecei, então, a pensar nele com muita força e fé. Sempre que eu rezava – e eu rezava bastante – eu pensava firme no meu sonho. Não é que deu certo? Mas ainda falta um bom pedaço de história...

12

Fiz 12 anos e a Dona Zizica do Seu Leonardo, aquela que tinha um filho por ano, estava precisando de uma menina pra ajudar a cuidar das crianças dela. Na verdade, era pra tomar conta brincando. Eu não pensei duas vezes, porque eu já era amiga de férias de todos.

Quando eu me despedi da minha mãe, fiquei muito engasgada. O Galo Babão parece que adivinhou que eu estava saindo de casa e ficou muito triste. Parecia que tentava me dizer alguma coisa, cocoricava uns sons esquisitos, com uma carinha tão triste de cortar o coração. A minha mãe, para amenizar a minha dor, disse que ele estava dizendo: "Vai com Deus, Filozinha!". Foi a primeira vez que senti a dor da partida, mas a aventura de conhecer uma cidade estancou um pouco a minha tristeza.

Naquela época era normal as meninas saírem com a minha idade para trabalhar ali pelas redondezas. As mães já iam preparando seus filhos para encarar o futuro. O futuro, para uma menina, era ser babá, depois arrumadeira, cozinheira, o que aparecesse. Eu pensava mais em conhecer a cidade, pessoas novas e em fazer amizade. A minha mãe dizia que a mãe dela já dizia: "Fazer amizade é o que vale!".

Fomos para minha nova vida a cavalo. Eu fui na cabeceira do arreio da minha madrinha Rita e o Seu Mundinho, o irmão dela, foi conduzindo a viagem. Demoramos umas três horas pra chegar a Catas Altas da Noruega. A cidade tinha esse nome porque lá havia um lugar que se chamava Noruega e que tinha muito ouro. "Catas altas" queria dizer "lugar onde se encontrava e catava bastante ouro", então ficou Catas Altas da Noruega.

Quando cheguei, a cidade era como um "vilarejo picado". Vilarejo picado é um lugar que tem uma rua com um monte de casinhas, aí a rua continua sem nada, só mato, e depois, bem longe, mais casinhas.

Os "pedaços" do vilarejo o povo chamava de Goiabeira de cima, Goiabeira de baixo e Alto do Lava-Pés. A igreja, bem antiga, ficava nesse alto. Quando cheguei, a Dona Zizica me mostrou meu quarto, junto com as meninas. A minha caminha "patente" com colchão de molas era do lado do berço do bebê de que eu ia cuidar. Fui babá do Paulinho, eta menino bonzinho, fácil de vigiar, quietinho e obediente.

A casa era grande, enorme mesmo. Seu Leonardo era fazendeiro, comerciante e mexia com política. Ele tinha um armazém que vendia de tudo: aviamentos, galochas, penicos, parafusos, bolinhas de gude, tecidos, lápis, borracha, cadernos, arroz, feijão, açúcar, milho para galinha, fubá, geleia de mocotó, paçoca, balas, queijos feitos em casa. A dona Zizica comandava muito bem a casa e fazia questão de cozinhar para aquele bando de gente – aquilo mais parecia um hotel do que uma casa. Os tropeiros passavam com as suas mercadorias e ali paravam pra almoçar. Na mesa da Dona Zizica sempre cabia mais um.

Eu cuidava do menino Paulinho, mas tinha outras obrigações. De manhã recolhia todos os penicos que ficavam debaixo da cama e esvaziava-os no banheiro. É isso mesmo, só havia um banheiro na casa e de noite a meninada fazia xixi no penico. De manhã quem pagava o pato era eu, que lavava todos eles na bica e areava-os com a bucha, com cinza e sabão. Ainda estava bom, pois me diziam que, no tempo dos escravos, eles recolhiam as necessidades dos penicos em uma caixa de madeira pesada que colocavam na cabeça, cheia de porcaria, que escorria pelos seus ombros e deixava-os com as roupas rajadas – por isso que os coronéis malvados colocaram neles o apelido de "tigres". Ô coitados!

Eu também ajudava a dar café da manhã para os meninos e depois ia para o terreiro ver suas brincadeiras. Eles adoravam brincar de circo. Eu nunca tinha ido a um circo. Eles faziam os trapézios nas árvores, faziam malabarismos com laranjas e limões e andavam na corda bamba por uma corda amarrada de uma árvore a outra. Havia um menino, o Zezé, que se metia a palhaço: fazia gracinhas e contava piadas. Tudo isso acontecia no quintal, que era separado da casa dos vizinhos por uma cerca de bambu. Esses vizinhos eram meio estranhos. Eles não abriam a janela, não chegavam na porta e Dona Zizica falava que eles eram esquisitos e "sistemáticos" demais da conta.

As crianças ensaiavam durante a semana o espetáculo do circo, isso, é claro, fora do horário da escola. Infelizmente, a escola continuava não sendo para mim, que era empregada mesmo. Bem tratada, é verdade, mas empregada, babá do Paulinho.

No final de semana os meninos apresentavam para os pais e coleguinhas as coisas que tinham ensaiado durante a semana. Dona Zizica fazia bolinhos de chuva com café com leite para a meninada, que depois de encher a pança ia para o quintal. A lona do circo era feita com lençóis velhos remendados, bancos de madeira eram colocados para a "plateia". Tudo dava certinho e no final todos recebiam muitos aplausos. De vez em quando, depois da apresentação, um ou outro pulava a cerca do vizinho pra catar frutas. Como se dizia antigamente: "A fruta do vizinho é sempre melhor que a do quintal da gente"...

13

Um dia, um dos meninos, com a camisa virada para caber uma quantidade de frutas, deu de cara com uma mulher, metade mulher e metade bicho. Assim disse ele quando chegou bufando no nosso quintal. Ele contou o que tinha visto e quase ninguém acreditou, menos a Dona Zizica, que, meio desconfiada, disse que na próxima vez que ele encontrasse a tal criatura, era pra ele convidá-la pra ver o circo dos meninos.

Não foi preciso; na semana seguinte, lá estava ela na hora da apresentação, rindo com um dente só e com uma bacia de frutas para as crianças. Eu quase deixei o Paulinho cair do meu colo quando olhei para a cerca e vi uma mulher descabelada, cabelos brancos sujos e a cara meio amassada, se arrastando pra perto da cerca, rindo das crianças como um bicho alegre. Quando acabou o circo, em vez de palmas ela jogava as frutas que as crianças tanto gostavam de apanhar no seu quintal.

A Dona Zizica foi logo contornando a situação, antes que alguma criança se pusesse a chorar. Ela disse: "Meus filhos, esta é a Maria, a irmã perdida desse povo esquisito e sistemático aqui do lado", e explicou que muitos anos atrás ela tinha visto uma irmã deles que tinha problema de cabeça e que sempre perguntava por ela, mas eles diziam que ela estava na cama. Dona Zizica foi até a casa dos vizinhos e descobriu que ela era uma irmã rejeitada e colocada pra viver fora da casa. Vivia solta pelo quintal, comia feito bicho nas bacias colocadas no chão.

Eu me lembro de que nós choramos quando vimos o modo de vida daquela mulher e descobrimos que a única alegria que tinha era quando via o circo. Dona Zizica chamou os vizinhos às falas e ordenou que a levassem pra dentro de casa. Eu juro pelos meus olhos que a terra há de comer, que eu vi a minha patroa rica dando banho na Maria, cuidando da sua pele maltratada, cortando suas unhas gigantes, levando comida para ela e dando na boca, como se fosse uma filha.

A Maria virou a Maria da Cerca. Ela era a nossa convidada especial, apesar de querer ficar do outro lado da cerca, pois era muito envergonhada. O circo agora era feito também para ela, que não falava, mas o brilho dos seus olhos, que pareciam jabuticabas maduras, dizia que ela era também um pouco feliz.

Essa história da Maria da Cerca foi uma lição de vida. Eu aprendi a lidar com a diferença, o que me ajudou a entender, anos mais tarde, uma prima com problemas de cabeça – mas essa é uma história que vou contar mais pra frente.

Foi lá naquele tempo como babá do Paulinho que descobri o que era gente sistemática e esquisita. Os irmãos da Maria da Cerca eram esse tipo de gente. Descobri também o que era gente boa, de coração limpo e puro: a Dona Zizica. Eta mulher boa, aquela minha primeira patroa! Trabalhava igual a uma condenada, mas nunca deixou de fazer o bem. Ninguém passava fome perto dela. Ela tinha um tio lá de Senhora de Oliveira, o tio Sodiga, e diziam que ele era médico prático e homeopático. Ele fazia remédios de plantas naturais e mandava uma farmácia inteira para a sobrinha, que socorria todo mundo que passava mal.

Naquele tempo só existia hospital na capital, que era muito longe dali. Não existia vacina, então, quando um filho pegava catapora, sarampo, coqueluche, os outros iam pegando e a casa praticamente virava um hospital, até que era preciso o médico vir da capital. Quando ele chegava, eu, que era muito curiosa, já ia logo fazendo perguntas: "Doutor Armando, manga com leite faz mal?". Ele disse: "Não comer manga e leite é que faz mal. Isso é coisa do tempo dos escravos. Como tinha muita manga na região, os senhores de engenho, os coronéis, os patrões daquela época, para diminuir o consumo de leite pelos escravos, diziam que manga com leite fazia mal e que poderia causar a morte. Assim, os escravos, com medo, somente chupavam mangas e sobrava mais leite para ser vendido.

Eu fiquei boquiaberta e dei um grito: "Ô coitados!".

14

A meninada da Dona Zizica tinha problema de garganta inflamada. Ninguém podia lavar cabelo e deixar molhado que no outro dia ficava com febre. Ô coitados! Naquela época não existia secador de cabelos, eu era uma secadora de cabelos. Verdade, eu colocava todos em fila e esfregava a toalha até o coco da criançada ficar vermelhinho feito um tomate, bem sequinho. O pior era quando tinha piolho, Virgem Maria!, eu virava a catadora oficial de piolhos. Uai, minha vista era boa demais da conta, eu catava uma lêndea como ninguém! Só não pegava piolho também porque a minha mãe me acostumou a usar desde pequena um lenço amarrado na cabeça. Ah, eu era uma excelente tiradora de bicho-de-pé: pegava a agulha, afastava a pele ao redor e tirava o bicho inteiro sem arrebentar; muitos já estavam com a barriga amarelinha cheia de bichinhos. Levava o bicho na ponta da agulha e queimava no fogo do fogão a lenha. Eles tinham que ser queimados, senão infestavam os pés das crianças.

Por muito tempo cuidei do asseio da meninada. As unhas tinham que estar sempre curtas e limpas, as mãos sempre lavadas, principalmente antes de comer qualquer alimento. A Dona Zizica falava que pelas mãos sujas chegavam as doenças, principalmente os vermes. Ninguém escapava da minha chatice com o asseio. A hora do banho era sagrada e sempre acontecia no final da tarde, antes do jantar, depois das brincadeiras no quintal. Depois do jantar, todo mundo tomava leite com angu e ia direto pra cama. Criança de roça dorme cedo e com o corpo e principalmente os pés bem limpinhos. Quem estivesse com os pés sujos, eu fazia lavar na bacia antes de subir na cama. Essa hora era chamada de hora do lava-pés. Manter o asseio é melhor que tomar remédio.

A Dona Zizica ficava quase doida com a meninada; quando eles não me obedeciam, ela dizia: "Aqui em casa cada um é um!".

Nas horas vagas eu ajudava a fazer queijos.

15

Sabe aquele queijo branquinho chamado queijo de minas? A Dona Zizica me ensinou a fazer e todo dia eu tinha que fazer uns cinco queijos. Primeiro precisava limpar a mão com álcool e tudo em volta tinha que estar bem limpinho. Você sabia que pra fazer um queijo são gastos dez litros de leite? Pois é, o leite era tirado da vaca cedinho e chegava à cozinha ainda quentinho. Naquele balde mesmo eu colocava uma medida de coalho. O coalho é um líquido comprado pronto que serve para coalhar o leite. Depois que eu misturava o coalho no leite, ficava parecendo que ele estava em pedaços. Isso demorava umas três horas para acontecer. Então, enquanto o leite ficava tampadinho no quartinho dos queijos, eu ia cuidar dos meninos. Na hora do almoço eu dava uma escapulida e ia lá mexer o leite. Depois do almoço, quando o leite ficava talhado com pedaços grandes, eu pegava essa massa e coava num pano bem branquinho. A massa se separava do soro e este eu deixava cair direto numa lata grande. No soro eu misturava fubá e dava para os gatos, os cachorros, os porcos, para as galinhas, e a bicharada fazia a festa. A massa eu colocava numa forma sem fundo redondinha que naquela época era feita de madeira. Depois eu tinha que apertar a massa dentro da forma, que ficava em cima de outra madeira perto da pia, porque, conforme eu ia apertando, o soro que ainda estava na massa ia escorrendo. Eu apertava, apertava, o soro escorria, escorria, eu tampava tudo com um pano branco e saía para fazer outras coisas. Depois voltava e fazia tudo de novo, com muito jeitinho e carinho, porque a dona Zizica me ensinou que se apertasse a massa com força o queijo poderia ficar borrachudo.

À noite eu voltava e apertava os queijos, colocava um pouco de sal em cada um, cobria com o pano e ia dormir. No outro dia, virava a forma e colocava o sal do outro lado. Assim que eu tinha um tempo, ia lá e apertava a massa e ainda saía soro; repetia a mesma coisa o dia inteiro. No terceiro dia, quando via que os queijos estavam prontos, eu os desenformava e passava um sabugo de milho neles para deixá-los bem lisinhos.

Naquele quartinho, que era o lugar mais fresquinho da casa, eu colocava os queijos nas prateleiras do armário, que eram cobertas com paninhos bordados com os dizeres "queijo fresco", e fechava bem o armário com a chave que ficava no meu pescoço. Ali eles ficavam guardados e eram servidos no café da manhã e no café da tarde e com as sobremesas.

Os meninos da Dona Zizica pareciam ratinhos, se eu não passava a chave no armário, eles roubavam queijo o dia inteirinho. O Paulinho gostava de comer queijo amassado com açúcar cristal, você já comeu? Experimente, é uma bela sobremesa! Essa coisa de "bela sobremesa" eu vou contar mais adiante, porque eu tenho que contar as histórias na ordem certa do que aconteceu na minha vida.

16

Fiquei um bom tempo naquela casa, mas depois tive que ir embora pra cuidar do meu avô Chico, que estava com a coluna torta e vivia sozinho perto da Fazenda Sete Cachoeiras. Acho que ele adoeceu de tanto carregar peso quando era criança. É verdade, dizem que criança que carrega muito peso, quando cresce, a coluna enverga.

Meu avô era muito querido e esperto, mas ficou triste porque teve que parar de trabalhar. Ele morava sozinho, era viúvo e teve 21 filhos. Ele não quis morar na nossa casa com a minha mãe nem com nenhum filho. Então, em respeito à sua vontade, ele ficou no seu cantinho e me escolheu para cuidar dele. Eu sempre gostei de velhinhos e soube que eles têm muito que nos ensinar.

De manhã cedinho eu fazia o café e a comida, que tinha que ser bem cozidinha e mole, pois meu avô, àquela altura do campeonato, não tinha um dente sequer na boca. Seus dentes apodreceram e caíram todos, por falta de tratamento e de escovar mesmo. Antigamente isso era muito normal. Quem tinha dinheiro colocava a "chapa", a dentadura de dentes postiços. Será que ainda é assim aí pelo Brasil? Espero que não.

Ali eu trabalhava bastante, mas, como sempre, fazia com prazer e alegria. Deixava tudo prontinho dentro de casa, pegava a enxada e ia pra roça. Meu avô tinha uma plantação a meias com o patrão dele, o dono da fazenda. Era assim: o patrão dava a terra e as sementes e o meu avô plantava e cuidava da roça, depois eles dividiam o lucro da venda das sacas do milho colhido. Esse era o seu ganha-pão, e, como o pão não podia faltar, lá ia eu capinar.

Trabalhei duro na enxada, as minhas mãos ficaram cheias de calos, até o dia em que passou um doutor lá com um candidato a prefeito e me deu um remédio para passar nos calos dos pés. Eu passei nos calos da mão e ficou bom que só vendo! Eu tive calos nos pés também porque usava uma chinela muito apertada e meu pé ia ralando, ralando. Depois que passei o remédio e ganhei uma chinela nova e grande, melhorou demais da conta. A chinela era maior que o meu pé, pois ganhei de presente do meu padrinho e ele não sabia o número. Aí um dia o Adalto do Seu Sílvio, aquele senhor que me ensinou a brincar de charadas, falou: "Ô Filó, sua chinela tá grande demais!". Daí eu fui e cortei um pedaço dela. Eu era a mocinha da chinela cortada.

Bom, mas como eu estava falando, quando eu chegava à tardinha em casa, meu avô estava lá pitando seu cigarrinho feito na palha de milho com fumo de rolo. Ele dizia que não tragava pra não fazer mal ao pulmão e que pitava para "abafar o bafo da boca". Engano dele, acabou ficando ruim do pulmão também e tossiu até morrer. Ele era velho, mas podia ter vivido mais se não fosse aquela porcaria de cigarro. Ô coitado!

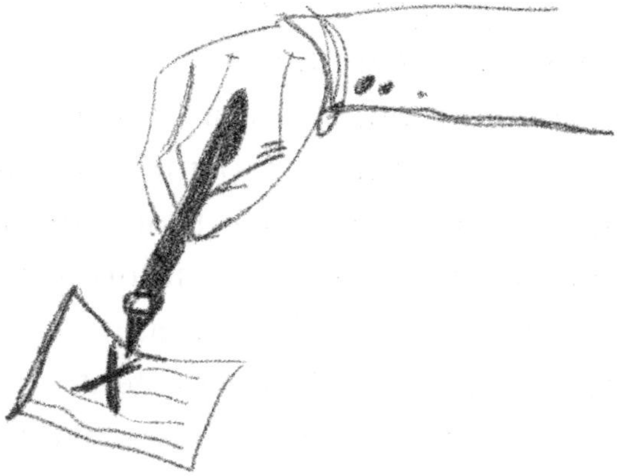

17

Cresci como o meu avô, como o meu pai e como a minha mãe: analfabeta e sem nunca ter visto médico nem dentista na vida, mas com muito trabalho e honestidade fui levando e construindo a minha história. Rezando, cantando e trabalhando, eu era muito feliz.

Depois que meu avô Chico morreu, eu fui trabalhar na Fazenda do Sertão, do Seu Helvécio, que era irmão do Seu Sílvio e casado com a Dona Florinda. O lugar era pertinho do Piranga. Antigamente a cidade se chamava Guarapiranga; diziam que esse nome era indígena e queria dizer pássaro (guará) de barro vermelho (piranga), lá na língua dos índios. Depois o povo se esqueceu de dizer o "guará" e ficou só Piranga. E olha que naquele tempo o barro era vermelho mesmo por lá, e quando chovia nem carro de boi passava. Ficava todo mundo atolado no barro das estradas.

Na Fazenda do Sertão eu fiquei pouco tempo, porque o Seu Sílvio me chamou pra trabalhar na casa dele, bem no meio da cidade, lá em Senhora de Oliveira.

Eu fiquei doidinha da silva, pois havia tempos que eu só ficava plantada na roça e só ia na cidade no dia da eleição, e ainda assim porque os candidatos a prefeito mandavam buscar a gente de caminhão.

Gente, aquele momento era bom demais da conta! Era uma farra que só vendo, e o melhor era quando a gente apeava na praça e o povo todo investia pra cima de nós. O povo do prefeito Luisinho puxava a gente pra um lado, o povo do prefeito Zelhinho puxava pro outro, quase que arrebentava o braço da gente.

Todos brigando pra gente tomar café na casa deles. Eu ficava feliz demais de tomar café com pão e salame na casa dos "prefeitos". Queriam que a gente votasse neles, mas na hora da eleição a gente votava no candidato que o patrão mandava. Naquele tempo não tinha urna eletrônica, então o patrão falava: "Pega a cédula e risca o primeiro quadrinho", então eu pegava e riscava os dois quadrinhos, porque afinal eu tomava café na casa dos dois candidatos. Ô coitados! Coitadinhos mesmo, porque só hoje eu entendi que aquele voto era anulado. Mas também, coitados nada, porque aquilo de levar a gente pra tomar café era comprar voto!

Quando o Seu Sílvio e Dona Teresinha me chamaram pra trabalhar na casa da rua dele em Senhora de Oliveira, eu endoideci. Imagine, era para trabalhar numa casa de uma cidade maior do que aquela em que eu já tinha trabalhado! As filhas deles estudavam na rua – era como eles chamavam a casa da cidade: casa da rua, e eu fazia todo o serviço da casa. O melhor de tudo é que eu fiquei sabendo que o Seu Vavá prefeito estava dando dentes pra quem votasse nele na eleição.

Gente do céu, corri lá no Seu Sílvio e pedi a ele que transferisse meu título de eleitor. Feito isso, fui lá na casa do Seu Vavá. Cheguei e tinha uma enorme fila de mulheres desdentadas. Quando chegou a minha hora, eu entrei, sentei e falei: "Ô Seu Vavá, eu fiquei sabendo que o senhor está dando dente pra quem votar no senhor, eu tenho os dentes podres...". Ele rapidamente abriu uma gavetinha cheinha de dentes e disse, me estendendo uma chapa: "Vê se este serve!". Eu quase tive um "derrame celebrado", que era como se dizia naquela época. Coloquei os dentes em cima dos meus estragados, olhei para o Seu Vavá e juro por tudo que era de mais sagrado que ele gostou do que viu. Claro que gostou, pois fez uma cara de riso feliz – também, vai ver que ele riu por ver a minha felicidade. Hoje eu sei que ele estava feliz porque tinha acabado de ganhar um voto e que ganharia mais centenas do mesmo jeito: distribuindo chapas. Também, pudera, com tantos desdentados na redondeza!

Naquele tempo era assim mesmo. Tinha prefeito que em uma eleição dava um pé de botina pra gente votar nele e outro pé só vinha depois que ele ganhasse a eleição... Davam o cabo da enxada e depois a enxada. Depois foram ficando modernos, davam camisetas, chaveirinhos... Hoje eu sei que eles se aproveitavam da nossa ignorância. Mas ignorância é uma palavra muito forte, é melhor dizer que eles se aproveitavam da nossa inocência e da nossa falta de estudo. Eu pensava que essas coisas aconteciam só na roça de Minas, mas que nada! Quando eu trabalhei na cidade grande, conheci uma empregada do Norte e ela me disse que, lá pelas bandas do estado em que morava, os candidatos davam dinheiro para os eleitores em troca de votos – até hoje, mesmo sabendo que isso agora é crime. Ela disse que ninguém vai preso por lá e os candidatos reinam pra sempre! Nossa, quando ouvi isso fiquei pensando que lá devia ser ainda uma roça, e bem grande. Sempre que me lembro dessa história penso: "Deus queira que isso não aconteça mais por lá e em nenhum outro lugar!".

18

Depois que ganhei meus dentes, eu me deslumbrei e achei que estava na hora de realizar um sonho maior, que era sair da cidade pequena e ir para a cidade grande. Eu era feliz com o pouco que tinha e pensei: "Já tenho outra muda de roupa, muitas calcinhas e agora meus dentes, então estou pronta pra ir pra São Paulo!". Afinal, tanta gente da redondeza ia pra São Paulo, por que eu não podia ir também? Eu estava enlouquecida para chegar e ver as famosas luzes da cidade, os prédios altos que eu nem acreditava que existiam, ver carros diferentes, pois por onde eu passava só havia jipes e eram todos velhos. Mas a minha maior curiosidade era conhecer uma televisão. Em Senhora de Oliveira havia luz de energia elétrica, mas Seu Sílvio não gostava de modernidade e naquele tempo ele dizia que a televisão ia trazer maus exemplos para suas filhas. Eu também não queria maus exemplos, cresci menina-moça pura e religiosa, só sabia trabalhar e rezar, mas eu tinha uma curiosidade pra conhecer a tal da televisão!

Eu não conseguia entender muito bem como ela funcionava. Como é que o cantor Roberto Carlos – que eu ouvia no rádio – podia entrar e cantar dentro da televisão?

Eu era doida pra ver o Roberto Carlos bem de pertinho e diziam que na televisão era como se fosse de perto. Lá em Senhora de Oliveira havia uma única casa que possuía uma TV, e ficou tão lotada de gente quando o cantor apareceu na tela que se formou uma fila que atravessou ruas e quarteirões, até se estender pela estrada da cidade. Nesse dia muita gente chorou de tristeza, então o Seu Zé do Pedro, dono do aparelho, fez construir depois uma grande cabana, colocou lá a televisão e cobrava ingresso. Eu nem perto passava, preferia juntar meu dinheirinho para ir embora e, quem sabe, para ter uma televisão só minha! Também diziam que a televisão dele não fazia por merecer, vivia perdendo a feição e esmorecendo o proseado. Ô coitada!

Quando eu senti que estava pronta pra ir pra São Paulo, fiz as contas e descobri que o dinheiro não dava pra comprar passagem pra tão longe. Então resolvi ir para Belo Horizonte mesmo. A minha mãe estava quieta na fazenda trabalhando e me deu a maior força, ela dizia que filho era feito para o mundo e voltou com a velha história de que eu devia correr atrás dos meus sonhos. Na despedida, é claro, engasgamos as duas. Eu era filha única e ela já tinha idade, mas eu queria ir também para garantir o nosso futuro.

19

Fui pra Belo Horizonte com a cara, a coragem e uma mala pequena. A mala era daquelas de papelão duro, bem pequetita, e na mão levava a minha sacolinha de matéria plástica, daquelas transparentes e bem "porcarias", que eu usava como bolsa de mão. Na mala havia uma muda de roupa, uma chinela de borracha, duas meias, dois lenços de cabeça e muitas calcinhas, que a Rosinha filha do Seu Sílvio me deu. Verdade, ela me deu cinco calcinhas prontas para a minha viagem. Eu me senti a pessoa mais chique do mundo, porque naquele tempo eu só usava calcinhas feitas de saco de açúcar alvejado. As calcinhas ficavam branquinhas, mas eram grossas e difíceis de lavar. Precisava pôr sempre de molho, e isso, para quem tinha poucas, era um problemão. As calcinhas prontas eram de um tecido fino chamado laicra. Quando a Rosinha me presenteou com elas, eu até chorei de emoção.

Na sacolinha de mão eu levava o pouco de dinheiro que tinha juntado e coloquei dentro de um papel de sabonete para ficar perfumado. Levava também os meus terços, meus santinhos com orações e, claro, os meus dentes, a dentadura, que eu jamais poderia esquecer. Eu não conseguia falar bem com eles, mas os dentes melhoravam tanto a minha aparência!

Ah, para completar levei um embornal com um frango assado com farofa que a minha mãe tinha feito para eu comer na viagem, broa de fubá e uma garrafinha que a minha madrinha Rita me deu com café adoçado com rapadura, do jeitinho que eu gostava!

Fui de emprego arrumado; a Dona Betinha, filha da Dona Zizica, minha ex-patroa, ia me buscar na rodoviária.

Quando o ônibus foi chegando à cidade, eu senti um pouco de tonteira. Era muita coisa de uma vez só, e eu ainda virava a cabeça encostada à janela para ver as alturas dos prédios. Ficava pensando como a pessoa subia pra chegar lá em cima. Eu não conseguia enxergar nenhuma escada.

Quando o ônibus parou na rodoviária e eu apeei, vi a Dona Betinha e não vi mais nada. Acordei sentada na lanchonete e ela, rindo, me perguntou: "Filomena, você desmaiou, tá com fome? Pode pedir o que você quiser!". Eu não estava com tanta fome, mas não resisti, olhei para o rapaz da lanchonete e disparei: "Ô moço, me dá um 'pãoduíche' com mortadela!". Eu falava "pãoduíche" em vez de sanduíche. Ele respondeu: "Tem mortadela não, dona!".

Eu, mais que depressa: "Claro que tem, lerdeza, olha lá a 'bexiga' de mortadela!".

Ele virou para trás e disse: "Aquilo lá não é mortadela não, dona, aquilo é um extintor de incêndio". Eu perguntei pra ele: "Isto se come?". Ele ficou rindo da minha cara. Eu fiquei na mesma, porque nunca ia imaginar o que significava extintor de incêndio. Então pedi um sanduíche simples, caldo de cana, refrigerante e comi e bebi até explodir. Depois a Dona Betinha falou: "Agora, Filó, vamos tomar um táxi". E eu fui logo falando: "Tomar táxi? Eu não aguento tomar mais nada, não, já tomei caldo de cana, refrigerante, até café com leite, e a senhora ainda quer que eu tome esse tal de táxi?". Daí ela explicou pra mim o que era táxi e nós montamos nele e fomos pra casa dela.

20

Gente do céu, chegando lá, coitadinha de mim, eu não sabia nada da vida da cidade. Eu era caipira demais! Dei cada "manota"! Cheguei apertada pra ir à casinha, aí a Dona Betinha me levou até o banheiro – eu nunca tinha visto coisa mais linda. As paredes da casinha eram de azulejo azul-clarinho e havia uma pia rosa-clarinho e mais duas peças da mesma cor. Eu, que estava acostumada com fossa, pensei comigo: "Onde eu vou fazer?". Olhei de "menesgueio" pra uma peça, olhei pra outra e fiz: "Uni duni tê, salamê minguê" e, em vez de um sorvete colorê, acabei obrando no bidê. Ô coitada!

Mas não ficou por aí; nos primeiros dias foi uma "manota" atrás da outra. Eu nem conhecia telefone. A Dona Betinha falou pra mim: "Isto aqui é um telefone. Quando ele tocar, você tira do gancho e fala "alô!". Até aí, tudo bem, só que ela saiu de casa, eu fiquei sozinha meio ressabiada com tudo e de repente o telefone tocou. Gente do céu, eu dei um pulo, levei um susto tão grande que achei que tinha tido um "derrame celebrado". Tremendo, peguei o telefone e disse: "Alô!". A pessoa do outro lado perguntou: "De onde está falando?". Gente, eu engasguei, olhei para um lado, olhei para o outro, olhei pra cima e falei: "Eu estou falando de debaixo da escada!". A pessoa do outro lado até desligou. Mas ele não tinha me perguntado de onde eu estava falando? Eu falei, uai! Eu estava debaixo da escada mesmo! Demorei a me acostumar com o tal do telefone.

Um dia, a minha patroa estava no banheiro e chegou um encanador procurando por ela, mas, como estava no banho, ela deu um grito e me pediu: "Filó, dá meu telefone pra ele!". Depois ela estava saindo apressada para trabalhar, precisava ligar para o táxi e me perguntou: "Uai, cadê o telefone?". Eu: "A senhora mandou eu dar o aparelho pro encanador, eu dei e ele levou embora!". Eu nem sabia que o telefone tinha número, e também, se soubesse, eu não sabia ler, como ia desenhar os números? Ô coitada!

Fiquei ainda por muito tempo lá, depois senti uma necessidade de sair para outros cantos. Ir sempre em frente era da minha natureza. Arrumei umas faxinas e fui trabalhar como diarista. Não tinha nada melhor do que cada dia estar numa casa, conhecia muita gente bacana. Trabalhei para famílias, pessoas que moravam sozinhas, estudantes que moravam juntos, em "república", diziam. Me dei muito bem com esse serviço, a minha agenda ficou lotada. Só tinha um problema: não adiantava a patroa e o patrão deixarem bilhete pregado na geladeira dando ordem de serviço. Eu pegava o bilhete e não conseguia entender nada, o que eu fazia era limpar tudinho de cima a baixo e os patrões sempre achavam que eu tinha lido o bilhete e seguia as ordens. Assim foi crescendo a minha freguesia e eu trabalhava todos os dias. Em algumas casas, as pessoas pensavam em mim e deixavam uma comidinha, mas na maioria das vezes eu tinha que levar a minha marmita pra esquentar e comer na hora. Cada casa chique que só vendo, mas na hora que eu abria a geladeira às vezes só tinha uma cebola seca e uma garrafa d'água! Ô coitados!

21

Eu respeitava todas as pessoas e era muito respeitada por todos. Até que um dia eu sofri uma grande decepção.

Se há uma coisa que eu nunca gostei é de ser humilhada por causa da minha condição. Eu sou o que sou e sempre gostei do respeito. Uma vez, lá em Belo Horizonte, eu fui passear num shopping e sofri uma grande humilhação. Fiquei maravilhada quando entrei naquele lugar, pois eu nunca tinha visto nada igual e achei que as lojas eram várias barracas bem arrumadas. Na hora de subir e descer a escada rolante, fiz a maior confusão. Primeiro eu falei com a minha amiga: "Eu não vou montar neste trem! E se a minha chinela agarrar aí? E se a minha saia rodada prender nesta escada andante, eu viro uma carne moída? Mas nem!". Ela subiu e sumiu e eu fiquei rodeando, até que tomei coragem e rezei uma ave-maria, um pai-nosso, me benzi e fui com fé, só que subi na escada que estava descendo e patinei, gritei, mas consegui me safar sem nenhum arranhão, graças a Deus. Meu coração disparou, eu tonteei e, passado o susto, um homem me pegou pelo braço e me disse: "Ô dona, aqui não é lugar pra senhora, não! Sai do shopping agora, senão eu vou chamar a polícia".

Santissímo Sacramento do Altar, eu nunca na vida tinha sofrido tamanha humilhação. Aquele homem era o segurança do shopping. Eu olhei pra ele, tremendo o corpo e os lábios, ameacei abrir a boca e, antes de eu começar a falar, ele gritou: "Calada, não quero ouvir nada, pica o burro!".

E eu, que era uma pessoa digna, honesta e trabalhadora passando por aquela situação. O que ele estava pensando? Só porque era segurança tinha poder sobre o outro? Na verdade, pra mim, ele subiu foi num tijolo e achava que mandava no mundo. Lembrei de um programa de televisão que eu tinha assistido na casa da Dona Betinha, em que o repórter falava de uma tal cidadania e que todos os cidadãos tinham o direito de ir e vir e pensei: "Será que eu não sou uma cidadã? O que eu sou então?". Lembrei da minha mãe me dizendo: "Nunca engula sapo!".

Pensei, então, que aquele era o famoso sapo que não é príncipe, ele devia ser bruxa. Dei um solavanco com o meu braço e me desprendi das mãos daquele coitado mal informado. Será que ele pensava que eu não era a tal da cidadã?

Eu me afastei dele e disse: "Pois chama a polícia, eu não tenho nada a temer, não roubei, não matei, não devo nada a ninguém!". Dei uma banana com o braço, saí correndo num galope e, quando olhei pra trás, vi que o infeliz tinha chamado todos os seguranças do shopping.

Eles me alcançaram e tive muito medo, então. Só consegui sair daquela confusão porque um médico, o Dr. Eduardo, em cuja casa eu já tinha feito faxina, estava por lá passeando, me viu e foi falar a meu favor.

Ele disse que eu estava com ele e que eu era sua funcionária. E se não fosse o Dr. Eduardo, o que poderia ter acontecido comigo? Quanta humilhação uma pessoa simples passa. As pessoas julgam as outras pela aparência, mas as aparências enganam.

Naquele dia eu quase me enrasquei, e se tivesse ido parar mesmo na polícia o meu documento não ia servir. Documento, mesmo, eu só tinha um titulo de eleitor velho que ia comigo para todo lado na minha sacolinha.

Eu achava que o título de eleitor era o documento mais importante de uma cidadã, mas acontece que não tinha foto nem assinatura direito, porque naquele tempo eu era analfabeta e assinava só com o dedo.

É verdade, eu carimbava com o meu dedo depois de passado numa esponja lambrecada de tinta azul.

Comentei isso com o Dr. Eduardo depois que o susto passou e ele ficou bem bravo comigo. Disse que eu tinha que voltar pra Piranga pra pegar a minha certidão de nascimento e com ela tirar a carteira de identidade de verdade, o RG.

Fiquei assustada. E se aquilo acontecesse de novo? Naquela mesma semana avisei o pessoal das casas em que fazia faxina, juntei meu dinheiro e viajei para Piranga.

22

Chegando lá, fui direto ao cartório da Dona Nhanhá do Seu Edenir. Aquele cartório era uma festa! Ali aconteciam casamentos com mulheres da roça vestidas de noiva e era comum aparecerem pais com bebês recém-nascidos no colo. É verdade, nesse dia chegou um homem balangando o neném no colo e falou: "Ô Dona Nhanhá, eu vim aqui carimbar o meu filho!". Dona Nhanhá olhou para ele de "menesgueio" e falou: "Aqui a gente não carimba filho, aqui a gente registra filho! Qual é o nome que o senhor quer colocar na menina?". O pai: "Não é menina moça, não, é menino homem, e eu quero colocar o nome dele de Ebatata da Silva". Dona Nhanhá riu e falou: "Mas que nome mais escalafobético é esse?". O homem simples da roça, como eu fui um dia, falou: "É que o meu vizinho é plantador de milho e o filho dele chama Emílio. Eu sou plantador de batatas, por que o meu filho não pode chamar Ebatata?". O cartório todo riu, e a Dona Nhanhá, boa demais, foi e registrou o menino com o nome de Ebatata da Silva. Ô coitado!

Dona Nhanhá procurou minha certidão e não achou. Eu logo falei: "O Dr. Eduardo falou que sem certidão e sem documentos eu praticamente não existo".

Depois que o cartório fechou, ela foi pro arquivo gigante pra ver se a minha certidão estava lá, misturada com outras, e fiquei lá até tarde da noite com ela passando as certidões entre os dedos e lendo em voz alta os nomes das pessoas.

Quando ela chegou na letra T, eu já estava quase cochilando, ouvindo aquele som da voz dela que jamais esquecerei dizendo: "Tibúrcio, Tertuliano, Talésio, Teodósia, Terêncio, Tibiriçá, Tilomena Maria de Jesus..." e eu gritei: "Esta sou eu!". Tudo isso aconteceu porque ela tinha uma letra muito desenhada e fez o F parecendo um T e nem ela mesma percebeu a diferença na hora de arquivar. Saí de lá pulando de felicidade.

Já de volta a Belo Horizonte, na hora de tirar a foto 3 x 4, o fotógrafo lambe-lambe do Parque Municipal tirou foto de mim com lenço na cabeça e tudo e, quando fui fazer a identidade, eles não queriam aceitar, mas eu falei que nunca tinha tirado o lenço e por conta disso meu cabelo rareou. É verdade, cabelo que não respira mofa! Ainda carimbei o dedo no lugar da assinatura, porque eu só aprenderia a ler muito depois. O moço aceitou e ainda falou pro chefe dele: "Ô coitada!".

Com a minha identidade eu me senti mais forte, mas meu sonho agora era ter Carteira de Trabalho. No tempo passado na cidade, as conversas nas conduções com outras empregadas e o que ouvia na televisão afirmavam que ter Carteira de Trabalho era muito importante e garantia meus direitos. Mal sabia eu que esse sonho um dia ia se realizar, mas isso eu só vou contar depois.

23

Nessa época, eu dividia um barraco no Morro do Papagaio com a minha prima Custódia. Ela se chamava assim porque custou demais a sair da barriga da mãe. Acho que era por causa disso que tinha a cabeça revirada. Ela se apaixonava feito doida e tinha mais que um sonho, uma ideia fixa: a de se casar. Cada vez que arrumava namorado ela dizia: "Agora eu caso!". Queria tanto casar e, quando arrumou um noivo, ele a abandonou no altar da igreja e fugiu. Ô coitada!

Coitada mesmo, eu avisei: "Quem tudo quer, tudo perde!". Casamento não é brincadeira, tem que escolher direito porque tem que ser pra vida inteira! E ela me dizia: "Você escolhe tanto, que vai acabar solteira!". Eu fiquei solteira e ela também, só que a tristeza de ter sido abandonada no altar fez a Custódia ficar ruim da cabeça. "Pirou", como dizem na cidade. Nunca mais tirou o vestido de noiva, e me dava um trabalho danado, porque vivia pelas ruas querendo arrumar um namorado. Até que ficou difícil pra mim e eu a levei para um hospício. Ô coitada!

Eu visitava a Custódia toda semana. Um dia, quando cheguei, ela, que nem sabia escrever, estava escrevendo uma carta e eu perguntei:

"Ô Custódia, tá escrevendo pra quem?"

Com uma cara de quem estava em outro mundo, ela me disse:

"Eu estou escrevendo uma carta de mim para mim mesma!".

"E o que é que está escrito nela?"

"Eu não sei, ainda não recebi a carta."

Tadinha, dava dó. Um dia cheguei lá e ela estava com a testa toda ferida e sem noção de nada. Perguntei logo ao enfermeiro:

"O que aconteceu com esta coitada?".

"Ela fez uma linha com giz no chão de cimento e ficou o dia inteiro tentando passar por baixo e ficou toda machucada". Ô coitada!

Mas o tratamento deu resultado, porque depois de uns meses a Custódia melhorou. Aí ela quis voltar para a roça e foi morar com a família. Tomava remédio controlado, mas mesmo assim só pensava em namorado.

Às vezes eu pensava em como a minha vida era boa, eu não ficava à toa, não tinha tempo para ter problemas. Trabalhava feliz, cantando, lavando e passando, e fiquei muito conhecida por onde eu passava. Tinha alguém que gritava: "Eta Filó danada!". Eu era danada, eu era coitada e nunca fui mulher de noitada. Dormia cedo, acordava cedo e só trabalhava. Nos dias de folga, eu ia fazer visitas nos asilos e para doentes nos hospitais pra gente que eu nem conhecia, mas quando me viam se enchiam de alegria. Muitos dos velhinhos recebiam a visita dos filhos e de parentes, mais muitos tinham sido deixados pela família, que nunca mais voltava para visitá-los. Isso me doía o coração e fazer aquelas visitas enchia ao mesmo tempo a vida deles e a minha.

Sempre que podia eu viajava para Pau Grande pra visitar a minha mãe. Toda vez que a gente se encontrava, ela me perguntava pelo meu sonho de conhecer São Paulo e me dava a maior força para eu ir morar na maior cidade do Brasil!

Acabei tomando coragem. Difícil foi convencer as patroas da faxina que eu precisava partir pra outra cidade. A despedida da minha mãe dessa vez foi mais dolorosa, mas confesso que a essa altura eu já me sentia pronta de verdade.

A experiência de viver em Belo Horizonte tinha me dado força para ir tentar a vida numa cidade maior. A maior cidade que existia na minha cabeça era São Paulo. Além do mais, ela estava bem debaixo do meu nariz, ou melhor, debaixo do nariz de Minas!

A minha mãe, para me confortar, na despedida me deu um galinho pra eu levar pra São Paulo. Dessa vez era um galo vivo. Esse galinho era tataraneto do Galo Babão, que viveu quase vinte anos. A minha mãe ajudou o meu Galo Babão a criar seus filhos, netos, bisnetos e tataranetos.

O novo galinho era órfão, a mãe tinha morrido, e ele era a cara do seu tataravô. Eu dei para ele o nome de Marco do Gerso, em homenagem ao cantor estrangeiro do mesmo nome, que arrasava de cantar bem nas rádios e na televisão. Hoje ele já até morreu. Você sabe quem é? É aquele que dançava deslizando o pé, que mudou de cor, de cabelo, de nariz, mas mesmo assim cantava bem afinado, que nem o meu galo.

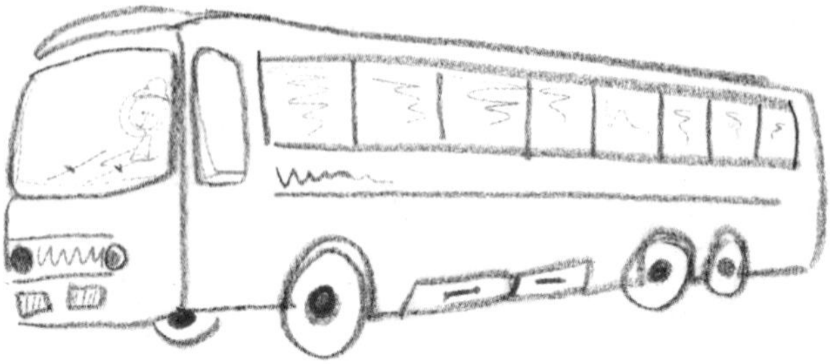

24

São Paulo fazia parte do meu grande sonho. Eu conhecia muitas pessoas que haviam se mudado pra lá e eram muito felizes. Eu achava chique e sabia que lá as pessoas tinham chance de trabalhar, de ser valorizadas e de crescer na vida. Era a hora!

Fui para São Paulo, com a cara e a coragem e o meu galinho. Desta vez a minha mala era um pouco maior do que a que eu tinha levado para Belo Horizonte. Eu me sentia uma moça muito chique, porque, enquanto eu morava em Belo Horizonte, com as minhas economias comprava fazendas floridinhas e mandava com o motorista do ônibus, o Manobra, que entregava para a melhor costureira de Piranga. O nome dela era Inês, a Inês do Juju. Ela fez algumas mudas de roupas, umas bem parecidas com as outras. Eu sempre fui assim, quando gostava de uma roupa, fazia outras meio parecidas.

Viajei a noite inteira de ônibus para São Paulo de roupa nova e com o Marco do Gerso bem escondido dentro de uma caixinha de papelão toda furadinha pra ele respirar. Lá dentro tinha água, canjiquinha e uma banana para ele não passar fome. O bom mesmo foi que ele me obedeceu.

Eu disse pra ele: "Você quer conhecer São Paulo? Então tem que ficar a noite inteira caladinho". Ele não deu nem um pio. Dormiu feito porco e eu também, só que de vez em quando acordava com alguém gritando: "Ô moça da poltrona 13, para de roncar!".

Gente, a moça da poltrona 13 era eu. Fiquei assustada e sem graça; já vivia sozinha fazia muito tempo, não tinha ninguém pra me contar que eu roncava. Ficava caladinha e dormia de novo. Dali a pouquinho: "Ai, como ronca alto essa do lenço na cabeça!". Fiquei quietinha e fazia um esforço pra não dormir de novo, mas quando via já tinha apagado. Os passageiros não relaxaram e toda hora eu acordava com as gargalhadas e a falação:

"Nossa, parece um trem de ferro, ela apita!".

"Parece uma galinha cacarejando!"

"Não, é uma porca roncando!"

Quando o ônibus chegou a São Paulo, só saí depois que todo mundo saiu. Levei um susto com o tamanho da rodoviária do Tietê e com o tanto de gente que circulava por lá. Era gente chegando de toda banda do país. Tinha muitas pessoas com caixas de papelão e muitas, muitas tralhas. Tinha gente que trazia uma verdadeira mudança. Tratei logo de perguntar onde era o tal do metrô. Quando o rapaz me apontou o lugar, eu nem acreditei que eu ia andar naquele trem tão moderno que nem trem era, era metrô. Comprei o bilhete e falei com a bilheteira: "Nossa, é esse tanto de gente mesmo? É a minha primeira vez, até estou com medo desse trem sair do trilho". E ela me disse: "Não tenha medo não, dona, é tranquilo!".

Entrei no trem abarrotado de gente e me senti como deviam se sentir os animais que saíam da fazenda vendidos para serem abatidos. Eu, que morria de pena dos animais que iam espremidos dentro de um caminhão gaiola, me senti como eles naquele momento. Mal dava jeito de respirar, todo mundo se encostando, se empurrando, e fui logo gritando: "Ô coitados!". Daí uma senhora disse: "Calma, dona, vai descer gente nas estações e depois ele passa para subterrâneo e melhora".

Eu fiquei com cara de tacho. O que seria o tal do subterrâneo? Eu nem sabia pronunciar essa palavra, será que era uma palavra em inglês? Fui logo perguntando: "Ele passa o quê?". Ela gritou: "Passa para subterrâneo!". Eu fiz uma cara de quem ficou na mesma e perguntei: "Que diabo é isso?". O povo começou a rir e alguém gritou: "O trem vai por debaixo da terra, dona!". Eu não acreditei e falei com voz trêmula: "Tá doido? Tá pensando que eu sou tatu pra andar debaixo da terra? Para tudo que eu vou descer agora!". O trem parou, mas ninguém me deixou descer, um empurra-empurra danado.

Com muito custo desci numa estação, nem lembro qual. Saí do buraco do tatu e dei de cara com um formigueiro de gente e de carro. Daí me lembrei da minha prima Dalila, filha do meu tio Zé Santana, que tinha um cabelo "pico", assim todo enrolado miudinho, veio para São Paulo passear e voltou para Minas de cabelo espichado. Ela dizia que na hora que viu o trânsito da cidade, levou tamanho susto que o cabelo dela espichou na hora.

Naquele momento eu senti uma aflição e acreditei na Dalila. Fiquei perdida e me lembrei do Seu Nem da Fazendo do Pari me falando: "Se você se perder, pergunta, pois quem tem boca vai a Roma". Rezei pro meu anjo da guarda e logo apareceu uma pessoa do bem que me explicou como chegar no endereço que estava naquele papel amassado, que eu tanto tinha apertado na mão pra não perder. Era o endereço da casa da minha amiga Efigeninha, onde eu ia me hospedar. Lá moravam outras amigas que tinham saído da roça pra trabalhar. Peguei uns cinco ônibus, me perdi, me achei e quando eu cheguei elas quase morreram de rir de mim, pois se tivesse ficado no metrô o trajeto que demorei quase o dia inteiro pra fazer eu teria feito em meia hora apenas. Fiquei passada de bolinha estampada!

Quando tirei o Marco do Gerso da caixinha, ele estava igual a um pinto molhado. Molhado de suor, ficou uns três dias amuado. Ô coitado!

Depois, ele fez logo amizade com a galinha da vizinha e fez a festa, passava o dia inteiro ciscando o quintal alheio! Assanhado!

No princípio eu ficava admirada com a noite e as luzes da cidade, mas fiquei enjoada quando vi o Rio Tietê, especialmente depois de sentir o cheiro dele. Fedido, fedido de dar dó e com lixo boiando...

Aquilo me dava um aperto no coração e eu pensava na natureza e sobre os rios e me perguntava: "Será que aqui é futuro?". Até hoje não me conformo com o cheiro e a poluição do rio. Ô coitado!

25

Com o tempo arrumei uma faxina aqui, outra acolá.

Antes de sair de casa e pegar o ônibus e o metrô, rezava bastante para pedir proteção e encaminhar a minha vida. No princípio tive muita dificuldade, mas, também, quem ia dar trabalho pra uma caipira da roça que andava pela rua com um galo amarrado no barbante? Para não espantar a freguesia, eu acabei deixando o Marco na casa da vizinha, que me cobrava pra tomar conta dele, feito babá. E eu pagava, né? Fazer o quê, eu devia essa obrigação para toda a família do Marco Gerso, afinal o tataravô dele se afeiçoara a mim tanto tempo antes.

Além disso, havia quem não quisesse me dar emprego por causa da minha falta de instrução, da minha aparência. Mas eu não esmoreci nem desisti. Comecei fazendo faxina no apartamento da Dona Creuza, uma mulher chique que morava no bairro dos Jardins. Ela era podre de rica, morava num apartamento grande sozinha. Ela trabalhava com moda e viajava demais. Assim dizia ela. No começo ela me estranhou, me olhou esquisito. Daí, eu fui logo dizendo: "Não me olhe de "menesgueio" como se eu fosse um bicho-papão, um fantasma, eu sou gente, gente como a gente, eu preciso trabalhar e a senhora precisa de uma faxineira. Me dá uma chance, eu faço a faxina hoje e a senhora vê se quer me contratar".

Não deu outra, limpei tudo como manda o figurino e no final do dia perguntei se ela queria que eu fizesse uma comprinha e uma comidinha pra ela, pois ela comia fora. Fisguei a patroa pela boca e, claro, pela limpeza também. Ela gostou e me indicou para as amigas. Eu faxinava, lavava a roupa, passava e de quebra fazia uma comidinha com gosto de quero mais.

Dona Creuza gostava de mim, mas de vez em quando me pedia para fazer umas coisas e acabava se irritando com a minha caipirice. Ela vivia atrasada; um dia ela foi tomar banho correndo, rabiscou um número de telefone no papel e pediu que eu ligasse para perguntar qual era o tempo de voo de São Paulo até Roma. Eu liguei e quando a moça falou "alô" eu perguntei: "Ô moça, qual é o tempo de voo de São Paulo até Roma?".

A moça falou: "Só um minutinho". Então eu desliguei, fui até a porta do banheiro e gritei: "Ô Dona Creuza, eu já liguei e a moça disse que o tempo do voo de São Paulo até Roma é só um minutinho!".

Ela saiu brava do banheiro e perdeu a paciência comigo, falou que eu era doida e que só ia continuar comigo se eu deixasse ela me levar a um tal psiquiatra, que ela dizia ser o médico dos doentes da cabeça.

Para não perder o emprego, eu fui. Não tinha nada a perder, doente da cabeça eu sabia que não era.

Pensei um pouco antes, olhei para mim mesma no espelho e dei de ombros: "De graça, até injeção na testa!".

Cheguei no médico e ele já foi logo me perguntando:

"A senhora ouve vozes sem saber quem está falando?"

Eu respondi, na lata: "É claro!"

"E quando isso acontece?"

"Todos os dias!"

"Todos os dias? Mas como?"

"Uai, quando eu falo no telefone!"

Ele olhou pra Dona Creuza e falou: "Ela não tem nada!". Eu, mais que depressa, olhei pra ela e falei: "Tomou, papuda!".

Gente, achei um abuso pensar que eu era doida! E ela achou um abuso foi a minha resposta. Ficou com raiva e me mandou embora. Mas eu não fiquei com raiva dela não, nunca fui de guardar mágoa. A minha mãe me ensinou que guardar mágoa adoece e que a gente não deve nunca dormir de mal com alguém, pois não faz bem para a saúde.

Eu estava em sã consciência, o médico deu um atestado dizendo isso. E se não estivesse? Eu tenho uma cisma com gente que acha que quem tem problema de cabeça não presta! Ser ruim da cabeça não é vergonha. As pessoas com essa diferença também têm que ser respeitadas. Quem é diferente também é gente. Lá em Piranga mesmo tinha um doido de rua que se chamava Pitica. Ele era casado com outra maluquinha que se chamava Geralda. Os dois andavam pela rua e era um amor que só vendo. Quando ela estava cansada ele a empurrava em um carrinho de mão, daqueles de carregar areia em obra. Ela vivia com suas bonecas que dizia serem seus filhos e Pitica ia levando a vida e empurrando a Geralda.

Ele carregava o tempo todo uma pastinha debaixo do braço. Na tal pastinha havia umas pinturas que ele fazia em papelão e levava para as cidades vizinhas – Conselheiro Lafaiete, Ouro Preto – e oferecia de porta em porta dizendo que eram suas obras de arte.

E não é que uma turista em Ouro Preto comprou várias obras dele? Dizem que seus papelões pintados foram parar em um museu chique do Rio de Janeiro, o Museu do Inconsciente. Para mim, isso prova que todo mundo tem seu valor.

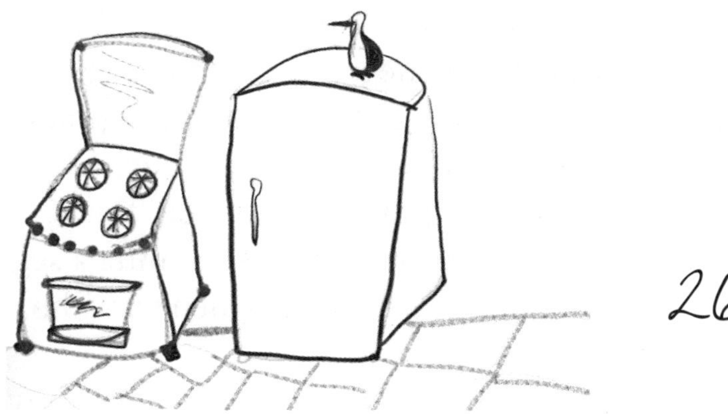

Os casos do psiquiatra e do despedimento me deixaram pensando muito em minha terra. Para ter força, me lembrava dos meus conterrâneos que eram como eu e estavam na luta em São Paulo, lembrei da família do meu padrinho, lembrei da família do Seu Paivinha, lá da Pimenta, perto da Fazenda do Pari.

Paivinha era um homem muito lutador, ele era amansador de burro nas fazendas e comprava galinha, milho, porco e revendia. Os filhos dele, que eram muitos, saíram cedo de casa e venceram todos na profissão doméstica em São Paulo. Vieram nove irmãos, que viraram faxineiros, copeiros, babás, arrumadeiras, jardineiros, motoristas, e nenhum desistiu nem voltou pra Minas antes de vencer. Todos venceram. Vencer, quando se sai da roça, é conseguir uma vida melhor, é arrumar emprego de carteira assinada, é conseguir pagar as suas contas e ainda sobrar para realizar os sonhos. Meu objetivo de vida era o sonho de todo brasileiro: ter a casa própria, depois comprar o fogão, a geladeira, a cama, depois os móveis de mais necessidade e, no final, a televisão colorida.

É, mas tinha horas em que eu também pensava que, quando o dinheiro chegasse, eu bem que poderia comprar primeiro a televisão, junto com fogão e geladeira.

Mas estava meio longe disso, porque no princípio o meu dinheiro não dava pra nada. Depois fiquei com a agenda lotada de faxinas. Trabalhava de segunda a segunda, saía de casa com o maior prazer, fazia o meu trabalho com amor. Eu me sentia tão bem!

Quando eu voltava para casa e encontrava as minhas amigas, eu ficava de boca aberta, porque elas tinham mania de reclamar de tudo, e se tem uma coisa chata é gente que reclama sem parar e não faz nada pra mudar a vida.

Eu dizia sempre para elas: "Vocês têm que saber viver, a gente tem que fazer a vida ficar leve, se ficar nervoso todos os dias e só reclamando, a vida fica pesada, o coração adoece. Façam alguma coisa para mudar a vida de vocês para melhor".

É verdade, quem tem a vida chata e que fica parado e não tenta mudar a vida fica parecido com um poste! É isso mesmo, quem fica parado é poste!

Mas, apesar de reclamarem muito, as minhas amigas foram maravilhosas comigo, me deram apoio, amor e amizade.

Depois eu quis andar com as minhas próprias pernas, deixei de ser diarista e fui trabalhar e morar na casa de uma família. Eu trabalhava mais, mas em compensação não tinha gasto com ônibus, com aluguel, comida, com contas de água e de luz.

Sobrava mais dinheiro para mandar para minha mãe, que estava velhinha e já não rendia mais como antes no trabalho. Ela teve uma doença e o povo da roça dizia que era de tanto lavar roupa. Ela teve a tal da bursite. Ô coitada!

(Coitada mesmo, se aposentou com uma mixaria, que mal dava pra viver.)

27

Na época da aposentadoria da minha mãe eu trabalhava na casa de um patrão inglês. Gente do céu, no princípio foi difícil demais da conta. No primeiro dia de trabalho ele falou: “Eu não fala a sua língua, você não fala a minha língua e você tem que falar minha língua e eu falar sua língua”. Eu fiquei brava e disse: “Larga de ser porco, como é que eu vou falar com a sua língua e você vai falar com a minha língua? Não venha com 'bubiça' pro meu lado não, seu 'sambanga'! Eu sou moça pura e não sou porca!".

O inglês me explicou que tinha uma língua do estrangeiro, bem diferente, com as letras trocadas, e que era para eu ter paciência porque aos poucos eu ia aprender a falar a tal da língua. Hoje eu vejo que o homem podia ter se ofendido de verdade e me mandado embora na hora.

Eu ainda fiquei meio desconfiada, fui dormir e de noite sonhei com uma linguona comprida, comprida, e a danada era diferente mesmo. Era cheia de caroços e as letras trocadas pulavam em cima dela. Santíssimo Sacramento do Altar, acordei até molhada de suor. Foi um pesadelo. De manhã, saí correndo e falei com o patrão: "Ô Seu Lorde, eu estou com medo demais dessa língua, ela já virou até pesadelo".

Ele riu, me pediu calma e começou a me ensinar algumas palavras, mas quando foi falando eu fiz uma confusão danada. Ele me disse que toda manhã eu tinha que preparar o *breakfast*, eu entendi "brecar a festa" e fui logo brigando: "Brecar a festa? Que festa, Seu Lorde, eu não estou fazendo festa nenhuma!". Ele riu e me explicou que na língua dele, o inglês, o *breakfast* era o café da manhã e que café era *coffee*. Eu entendi "cofre" e falei: "Que confusão, cofre na minha língua é um porquinho de guardar dinheiro". Ele me explicou que o tal *breakfast* tinha que ser colocado no trem bobo. Era isso que eu tinha entendido, mas o que ele quis dizer era *table*, que quer dizer mesa em inglês. Ele me explicou que *water* significava água, mas pela pronúncia dele eu entendi que era "hora" e falei: "Já falei com o senhor que eu não sei olhar a hora no relógio de ponteiro sem número, com esses pauzinhos!". Então ele ficou nervoso, pegou um copo com água e foi jogando no chão e repetindo alto: "*Water, water, water*".

Nesse dia fiquei assustada com o mau humor dele, mas passei por cima e fui aprendendo sua língua. Hoje eu acho que nós dois tivemos que ter muita paciência um com o outro.

Um dia ele me disse que o jeito certo de aprender era pensar em outra língua. Tentei: fui fazer comida e, Deus que me livre e me guarde, fui pensando as palavras que eu sabia todas em inglês. Resultado: queimei as panelas e a comida toda.

Era difícil aquela língua entrar na minha cabeça, com calma fui aprendendo, mas ainda tudo misturado.

Um dia o patrão chegou em casa e me perguntou: "Filó, where is my coffee?".

Eu entendi o que ele falou ("Onde está o meu café?") e respondi: "Está lá em cima do trem, bobo!". Mas eu falava "trem bobo" bem depressa e parecia *table*. Ele só ria!

Mas o tempo da gente rir passou. As coisas na empresa do patrão passaram a andar mal e ele foi ficando cada vez mais nervoso. Resolvi ir embora dali. Na verdade, acho que ele precisava era de uma empregada letrada em várias línguas e eu mal era letrada na minha! Ô coitada!

28

Você se lembra de quando eu falei do meu sonho de fazer a Carteira de Trabalho? Ele se realizou – quando eu saí da casa do Mister Lorde, arrumei o meu primeiro emprego de carteira assinada. Foi na casa de um empresário importante, o Seu Manolo. Ele me entrevistou e eu fiquei muito nervosa, mas ele me disse que gostava de dar oportunidade para pessoas que vinham de longe para a cidade grande. Ele me falou uma coisa que nunca esqueci: "O que seria de São Paulo se não fossem os nordestinos!".

Quando eu cheguei a São Paulo, eu nem sabia o que eram os nordestinos, mas depois conheci vários: porteiros, pintores de parede, pedreiros, cozinheiras, e era mesmo só gente boa e trabalhadora. Mas às vezes, para o pessoal de São Paulo, todo mundo que não é dali é "nordestino".

Na ocasião da entrevista, eu disse ao Seu Manolo que eu não era nordestina, era mineira. Ele me respondeu: "Então vou ter uma inconfidente mineira em casa?". Eu entendi "confidente" e respondi logo: "Confidente? Ah, pode me contar tudo que sou um túmulo de confiança!".

Inconfidente ou não, já no primeiro dia Seu Manolo assinou a minha carteira e me disse que assim era o certo. Eu me senti muito importante e até chorei de emoção. A minha mãe, por exemplo, nunca teve essa alegria. Eu me achei chique demais da conta.

Esse meu patrão era bem velhinho, 91 anos, mas era bem lúcido. Ele era viúvo e vivia sozinho, ou melhor, vivia com seus seis empregados, que ele tratava como pessoas da família. Tem gente que acha que isso é papo de patrão engambelador ou de empregado que não sabe o que diz, mas ali era verdade mesmo. Ele comprava o que a gente queria para comer, tinha respeito por todos nós. Ele era um homem só, mas tinha uma filha e vários netos e bisnetos que só pensavam no seu dinheiro. Seu Manolo era sábio demais, ele sabia viver a vida. Era bem-humorado e contava para a gente casos de suas viagens pelo mundo. Eu ficava tão impressionada com o tanto que o mundo era grande que à noite sonhava, às vezes, que eu estava mergulhando no planeta e voando pelo mundo. Sonhar que se está voando dá frio na barriga, mas quando a gente acorda a sensação é a de que voou mesmo.

Mas a vida do Seu Manolo não era perfeita. Ninguém o visitava, nós éramos a sua família de verdade. Um dia eu contei para o Seu Manolo que o meu bicho de estimação era um galo e que eu tinha por ele muita consideração e afeição. Ele riu e foi logo dizendo: "Traga-o pra cá, pra me despertar nas manhãs!".

O Marco adorou sua nova casa, linda, cheia de plantas, mas sentiu falta da Jurema, a galinha da vizinha. Pareceu que ficou melhorzinho quando eu contei pra ele que nós íamos conhecer o mar. Vimos o mar pela primeira vez na casa de praia do seu Manolo, numa praia linda chamada Baleia, pertinho de São Paulo.

Foi uma emoção quando eu vi o mar. A minha perna bambeou e falei: "Eta marzão bom pra criar uma pataiada!".

Seu Manolo riu e falou: "O mar é todo seu, Filomena, a praia é toda sua!".

Eu nunca havia imaginado que alguém ia me dar o mar de presente. Fiquei com medo que tivesse baleia mesmo, eu já tinha visto baleia na televisão, e demorei pra tomar coragem pra entrar na água.

O Marco Gerso ficou doido quando viu aquilo tudo e se pôs a ciscar na areia molhada, onde achou uns bichinhos chamados tatuís e fez a festa. Comeu tanto até ficar empanzinado, depois ficou pulando ondas. Quando a onda vinha ele dava um galope e batia as asas pra correr, quando a onda ia, ciscava e comia. Ele virou a atração da praia. Os outros empregados me convenceram e uma hora entrei no mar, de roupa e tudo, até de chinela e meia. Ainda bem que a praia era mansinha, nesse dia estava vazia e era quase de noitinha. Os meus companheiros queriam que eu colocasse um maiô, mas eu tinha vergonha demais da conta.

Deus me livre e me guarde! Para mim, que só andava de saia comprida e nunca havia mostrado nem as canelas, isso seria uma vergonha, eu teria que abrir um buraco e entrar ou então nadar até o infinito.

Entrei de roupa e me senti tão feliz!

O mar, ah, o mar, tão diferente do rio de Minas onde eu tinha aprendido a nadar. O mar era o infinito azul, e no final de tarde o sol encostava no infinito até dormir e partia para a calada da noite.

29

Na casa do Seu Manolo eu cozinhava e ele adorava a minha comida. Um dia ele chegou com um homem lá na cozinha dizendo que ele era um "*chef* de cozinha".

Eu, espantada, perguntei: "Uai, e cozinha tem chefe? O senhor que é meu chefe, Seu Manolo!".

Ele me explicou o que era um *chef* de cozinha e disse que o havia contratado para me ensinar a fazer comidas diferentes. Era cada nome difícil que no começo eu nem conseguia falar. Mas eu fiquei que nem formiga no melaço! Aprendi a fazer um monte de prato gostoso de nome estranho e ainda por cima passei um monte de receita da roça para o *chef*. Ele disse que não me deu o curso, e sim que fizemos um "intercâmbio". Eu não tinha ideia do que era isso, mas fingi que sabia; depois descobri que "intercâmbio" era "troca". Ele ficou impressionado ao ver como eu decorava as receitas. Também, pudera, eu não sabia ler. Ô coitada! Foi o *chef* que falou com o Seu Manolo que eu precisava mesmo aprender a ler e a escrever e que ele conhecia uma professora particular.

Seu Manolo contratou a professora, a Adalgiza, para vir à nossa casa para me alfabetizar. Quando eu escrevi o meu nome, Filomena, pela primeira vez, chorei feito uma manteiga derretida. O nome completo, então, fez a minha cara inchar de chorar.

Com uns meses de aula eu já era boa de leitura e não era mais analfabeta. A primeira coisa que fiz foi escrever uma carta pra minha mãe:

"Minha querida mãezinha do céu, é com muita honra que pego nesta pena para ti escrevê e com o coraçaum a palpitá com a minha própia mão e deds trêmi de moção estas brevi linha. Ispero encontrá a sinhora hoje gozano di boa saúde e alegria de sempri. Escrevo pra sabê notícias suas e do povo do Pau Grande e pra dar as minha que são boas.

Poraqui os sonhos istaum si relizando. Saum Paolo é uma cidade como o mar, ela pareci qui num tem fim. No lugari do medo coloquei coragi e consigui sobrevivê. A labuta é diara, maisi como dizia o meu pai: quem pranta coe, ando coendo bãos fruto, fruto adiferente do que se coe poraí. Tô aprumano aos poco, em brevi mando dinheiro pra senhora pelo correo de Piranga. A senhora passa lá no mêisi qui vem e pregunta se chegô o zelope com o seu nome. E a Maria da Pimenta casô com o Antônio Zé Bahia? A sinhora tá oiando a Custódia? Ela ainda tá abibolada da cabeça? Ô coitada! O meu patrão é bom dimaisi da conta e disi a sinhora quisé vim passá a consuada com migo, a sinhora pode ficá aqui na casa dele a onde eu trabaio e qui ainda manda o chofé dele pegar a sinhora na rodoviara. Ia sê bão, pruquê a sinhora me ajudava a fazê doce de litria, canudim inchido com doci de leite e fius de ovo e inté frameri. Aí a sinhora traiz laranja da terra e mamão vredi pra modi a gente fazê doci que ês num comi ni Saum Paolo. Pedi a minha madrinha Rita pra escrevinhar a receita di doci de banana na carda com cremi e ovu batidu in nevi. Fica com Deuso, sua bensão, sua fia que ti ama, Filó".

Quando mostrei a carta para a minha professora, ela disse que eu teria que corrigir os erros de português, mas que sentia orgulho de mim, pois fazia pouco tempo que eu estava aprendendo. Ela corrigiu, eu passei a limpo e mandamos a carta pelo correio, mas sempre guardei a carta original comigo, como recordação, e por isso eu posso agora reproduzir a minha primeira carta aqui.

30

Na casa do Seu Manolo eu também fiz a minha primeira poupança. Como eu não tinha despesas extras, guardava tudo o que ganhava e ainda mandava dinheiro pra minha mãe.

O Seu Manolo dava plano de saúde para todos nós e eu cuidei melhor de mim. Achei que estava na hora de ter o meu sorriso de volta e fui tratar os meus dentes, de verdade mesmo, sem colocar a chapa por cima dos dentes cariados.

Trabalhar para um patrão justo, o Seu Manolo, me fez sentir como eu nunca havia me sentido. Fui muito feliz naquela casa, até que um dia a casa caiu... Seu Manolo bateu as botas feito um santo, dormindo. Santíssimo Sacramento do Altar, foi uma tristeza de dar dó. No enterro eu não sabia quem chorava mais, se era eu, a Francislene, a Creunice, a Sueli, o Tião, o Edvaldo, nós, os seus seis empregados, que éramos mesmo uma família. No outro dia a filha dele estava lá com o advogado e mandou todo mundo embora sem nem dar adeus. Foi um golpe do destino. Todo mundo saiu com uma mão na frente e outra atrás, menos eu, que tinha o meu galo debaixo do braço.

Fiquei de luto, senti demais a morte daquele homem que mais parecia um pai, o pai de todos.

31

O que aconteceu depois até daria um livro. Fui trabalhar no comércio: trabalhei em padaria, supermercado, loja de R$ 1,99. Mas o dinheiro não dava para pagar as minhas contas.

Depois voltei a trabalhar em casa de família, onde eu não tinha contas pra pagar. O que eu ganhava eu guardava, fiz um curso de governança e virei governanta.

Quando virei governanta é que eu mandei fazer umas roupas novas. Vi um estilista famoso falar na televisão que a gente devia vestir o que a gente gosta, então comprei bastante fazenda de flores, de frutas, pimentas, pimentões e mandei a costureira fazer vários vestidos bonitos pra mim. Se a gente deve usar o que gosta e se eu gosto de uva, por que não posso usar um vestido cheio de uvas? Eu posso, eu uso! Quem pode, pode, quem não pode se sacode! Tenho dois sapatos fechados, mas sempre ando com as chinelas na minha bolsa de mão, porque acho que os meus pés se abriram de tanto respirar o ar puro, e quando fico muito tempo calçada a minha cabeça parece que ferve e tenho que colocar a chinela de borracha na hora, para não ficar de cabeça quente.

Ainda ando de ônibus e metrô porque não sou doida, ficar parado no trânsito em São Paulo? Quem fica parado é poste.

Eu nunca gostei de dar o passo maior do que a perna. Na minha casa é tudo muito simples, eu tenho todo o luxo necessário pra viver, nunca gostei de fazer prestação, a minha televisão é simples, da "gorda", e funciona muito bem. Pra que eu vou trocar a minha gordinha por uma magrinha? Ô coitada!

A minha vida mudou, mas muitas coisas mudaram na vida dos outros também. Os prefeitos das bandas do Vale do Piranga não compram mais votos. As prefeituras se preocupam mais com a saúde e tratam os dentes da população de graça. Muitos fazendeiros já assinam a carteira dos seus empregados. As crianças de lá têm ônibus de graça para estudar na cidade. A escola é pública e para todo mundo.

Pena que não é assim em todas as bandas do país inteiro. Ô coitados!

Sempre visito os meus ex-patrões, principalmente as crianças, que hoje são adultas. Na cidade grande ajudei a criar e a dar carinho para muitas crianças.

A Dona Zizica, aquela patroa boa demais do coração grande, ainda está viva, linda e lúcida, e toda vez que vou a Minas vou à casa dela prosear.

A minha mãe, a minha madrinha Rita, o meu padrinho João Rosa e tantos outros queridos estão juntos, mas em outro lado, estão fazendo festa no céu.

Eu sigo a vida remando pra frente, trabalhando feliz e solteira, com muita honra!

Hoje, além da minha casa própria em São Paulo, comprei as terras da casinha da minha mãe lá na roça do Pau Grande, que eram do patrão, e sempre que posso vou até lá matar saudade do Marco do Gerso, que lá vive com a galinha Jurema e uma grande família.

Vou também sentir o cheiro de mato, cuidar daquelas flores que tanto me fazem lembrar dos momentos felizes da minha vida, do começo de vida que me conduziu até aqui, o meu presente, que eu tanto amo.

Cursei a universidade da vida, e uma lição eu nunca esquecerei: fazer amizade é o que vale!

Primeiro veio a Dona Regina, que era mãe da Dona Rita, que era cunhada da Dona Zizica, que era prima da Dona Florinda, que era prima e cunhada da Dona Teresinha, que era tia da Dona Betinha, que era filha da Dona Zizica... Dona Betinha, que era irmã da Dona Magda, que era amiga do Carloman, amigo do Mozarzinho, que era amigo do Join, que era amigo da Teresa, que era amiga do Mário, do Juninho, que era amigo do Seu Gustavo, pai da Alice e da Maria, casado com a Dona Gorete, amiga da Ju e do Omar, pai da Melina e da Sabrina, que era colega da Sophia, aluna da Elzi, também era filha da dona Zizica, que também era mãe da doutora Edwiges, que era tia da Fernanda, que era sobrinha da Léa, que era conhecida do Anderson, da dona Lili, amiga do Reinaldo e do Ronaldo da Dona Ivana, amiga da Benvinda, mãe do Davi, amigo do Cauã, filho do Gustavinho, que era amigo dos meninos da república que tinham uma tia... Sempre alguém que precisava do meu trabalho. E assim foi pela minha vida inteira, uma pessoa me levou a outra que me rendeu trabalho e amizade. As portas foram se abrindo e nunca mais se fecharam. Para mim, a amizade é o melhor bem que podemos construir durante a vida. E você, o que acha disso?

FIM

MATRIX